Bruno Gaetano Cammarota

Cinque ore con Carlo

Bruno Gaetano Cammarota

Cinque ore con Carlo

Dal deserto alla città

Edizioni Sant'Antonio

Imprint

Cover image: www.ingimage.com

Publisher:
Edizioni Accademiche Italiane
is a trademark of
International Book Market Service Ltd., member of OmniScriptum Publishing Group
17 Meldrum Street, Beau Bassin 71504, Mauritius

Printed at: see last page
ISBN: 978-613-8-39080-0

a chi lo ha conosciuto

Il gruppo.

Prefazione

Non sempre si riesce a capire ciò che si sta vivendo.

Magari, dopo tempo, tanto tempo, si torna a riflettere oppure un lampo attraversa la mente e ci si rende conto che in un passato che sembra lontanissimo, sfuocato, quasi inverosimile, c'è stato un momento del nostro trascorso che forse meritava più attenzione.

E' come quando, rovistando in vecchie scatole di foto ne cade una per terra e, raccogliendola, torna alla memoria la persona ritratta. "Te lo ricordi? Mamma, quanto tempo che è passato!"

E si resta lì, con l'immagine tra le mani di quell'essere che forse non esiste più o che chissà in quale posto della terra si è cacciato, a ricordare, mentre un brivido ti attraversa il corpo.

Capita, con quei momenti della nostra vita finiti nell'archivio del cervello e che per un'immagine, un articolo su un giornale, un servizio televisivo o un racconto di un amico, saltano fuori e fanno riaffiorare poco a poco tutti gli episodi connessi, fino ad una ricostruzione quasi esatta del vissuto. Già, quasi esatta, perché poi il nostro cervello ci mette del suo, trasforma quella realtà ormai lontana e magari ci fa ricordare con dettagli non proprio esatti quei momenti.

Così, mettendo a posto delle vecchie scatole di libri, fogli, fascicoli, disegni e appunti, trovate sull'ammezzato a casa di mio padre, mi è capitato tra le mani un volumetto intitolato "Perché vivere" scritto più di trent'anni addietro da Giuseppe Florio. Fratel Giuseppe… quanti bei ricordi di una gioventù che non conosceva il futuro, quel futuro che si è trasformato in passato e che con le ansie, le preoccupazioni, le responsabilità, quasi ne ha cancellato il ricordo.

Ma basta un niente, un attimo, per far riaffiorare tutto.

Era il 1985, avevo poco più di vent'anni, una vecchia Talbot 1510 con impianto a gas, praticamente regalatami da una famiglia amica di Salerno, tanti amici, di cui sei o sette, come si dice, per la pelle, un lavoretto molto precario che non mi dava granché da spendere, ma infinita spensieratezza e voglia di conoscere il mondo. Mondo che restava circoscritto alle possibilità economiche.

E proprio questi amici salernitani mi proposero di trascorrere una settimana di vacanza-preghiera-meditazione negli eremi di Spello, in Umbria, dove ero già fugacemente stato, come vedremo in seguito, nel mese di febbraio di quell'anno. Era tutto gratis, occorrevano solo i soldi per il viaggio, che, insieme a due dei miei amici, decidemmo di fare con la mia macchina.

Devo dire che la rassicurazione fatta nei mesi precedenti che ne sarebbe valsa la pena si rivelò poi fondata.

Partimmo in un'assolata domenica di luglio, era il 29, nella calura del dopo pranzo, portando con noi ciò che ritenevamo indispensabile.

Quando giungemmo a Spello stava imbrunendo e la salita che portava verso l'eremo di San Girolamo, lastricata di pietre chiare, iniziava a destra della medievale porta d'accesso della cittadina. Fummo accolti proprio da fratel Giuseppe Florio (che era un sacerdote lo scoprimmo solo il giorno dopo), il quale ci mostrò la cella che ci era stata assegnata e disse di scendere nel refettorio appena sistemati i bagagli.

L'aria francescana si poteva toccare.

L'avevo sperimentato poco tempo prima, ma era stato un passaggio così rapido che non mi aveva dato nemmeno il tempo di rendermene conto.

Almeno così credevo.

Era rimasto in me, però, un lumicino acceso.

Ci fu spiegato cosa avremmo fatto in quella settimana.

L'organizzazione era molto semplice: la mattina, alle sette, c'erano le Lodi, per chi voleva, poi si faceva colazione e, per pagarsi, in un certo senso, il soggiorno, si andava a lavorare nei campi fino alle dodici. I contadini della zona, in cambio della mano d'opera, davano parte del raccolto alla comunità e con quello si pranzava e si cenava. Nel pomeriggio si era liberi e, sempre per chi voleva, al calar della sera si recitavano i vespri, con la celebrazione della Santa Messa alle diciannove. Si svolgeva tutto nella massima libertà, l'unico obbligo era quello di scendere nei campi quelle quattro ore mattutine.

Obbligo che si rivelò un grande e simpatico momento di fraternità, soprattutto perché la maggior parte delle persone non avevano mai avuto a che fare con una zappa, una pala o un rastrello, né tantomeno con carriole o letame.

Una mattina Vincenzo, il contadino presso il quale prestavamo la nostra scadente opera, disse a me e ai miei due compagni d'avventura di spalare il letame dalla stalla e portarlo con una carriola sul mucchio che era nell'aia.

In pratica, un'asse di legno era poggiata su una montagna di letame, che veniva usato per concimare la terra, e l'operazione consisteva nel prendere un'adeguata rincorsa con la carriola piena in modo da percorrere l'asse fino in cima e sversare il contenuto di quest'ultima nel punto più alto. Bisognava essere abili nel non perdere l'equilibrio sull'asse, dopo averlo centrato con la ruota della carriola. Facemmo a turno nel riempire con le pale e salire. Il più fortunato fu Peppe che, avendo il piede ingessato per un incidente avuto qualche giorno prima della partenza, poteva solo spalare. Io riuscii a contenere i danni affondando solo il piede sinistro nella montagna di letame, mentre l'altro nostro amico, Antonio, vi finì per intero. Non so quante volte raccontammo questo episodio dopo il rientro a casa.

Ma i momenti più belli furono quello dei pomeriggi del martedì, mercoledì e giovedì, quando andammo all'eremo di Giacobbe, uno dei tanti casali sparsi sui pendii del monte Subasio, quello più in alto, donati dai contadini alla Comunità, ad ascoltare fratel Carlo Carretto, il fondatore della comunità, il "cristiano a tempo pieno", secondo la definizione del vescovo di Foligno, uomo semplice e mite, capace di ascoltare Dio nel silenzio del deserto.

E proprio "il deserto" fu un altro momento indimenticabile di quella settimana.

Un'esperienza unica, mai più ripetuta nel corso della mia esistenza, che sembrò durare un tempo infinito e non solo quelle quattordici ore in solitudine.

Alle due della notte tra il giovedì ed il venerdì il bip-bip del Casio digitale di Antonio ci svegliò. L'unico a rimanere a letto fu, a causa del piede ingessato, Peppe, che il suo deserto lo fece nella solitudine di San Girolamo.

Scendemmo nella cappella a pregare, ognuno di noi ricevette una mela, una bottiglia d'acqua ed un pezzo di pane, poi uscimmo nella notte a vagare da soli in direzioni diverse.

Dovevano essere circa le tre.

Presi un bastone, ricavato spezzando un ramo secco che trovai per terra nel giardino, allo scopo di difendermi da eventuali animali randagi, anche se ero quasi sicuro che non ce ne sarebbe stato bisogno.

Potevamo far ritorno quando ci pareva.

Imboccai la strada che portava verso il monte Subasio e seguii il percorso della strada in decisa salita, un po' dritta un po' a tornanti, fino in cima.

Il manto di stelle nella notte chiara era meraviglioso.

Più volte mi fermai, quando trovavo un muretto o un masso su cui sedermi, ad ammirare il cielo.

La profondità di quell'infinito faceva capire la grandezza del creato. Mi perdevo nel tentativo di riconoscere le costellazioni o individuare la luminosità donata dal sole a qualche pianeta.

Il clima era mite e veniva voglia di stendersi per terra, ma il desiderio di continuare era più forte e dopo brevi soste riprendevo a camminare.

Non avevo paura della solitudine perché cominciavo a capire di essere in compagnia.

La stanchezza della salita non si avvertiva.

Il silenzio, rotto solo raramente dai versi di qualche uccello notturno, era impressionante.

Non c'era un filo di vento.

Le stelle sembravano agitarsi dando l'impressione di una folla in fermento.

Era la prima volta che vedevo la via Lattea nella sua luminosa ed intera estensione.

Quanti pensieri si susseguirono in quelle ore, quante riflessioni.

Acquisii più certezze in quei momenti di quante ne avevo potuto ottenere nel corso della mia, fino ad allora, giovane vita.

Certezze che si sono radicate negli anni seguenti e che ancora oggi continuano a guidare le mie scelte.

Benedetto deserto.

Se solo decidessimo ogni tanto nella nostra vita di rifugiarci in un momento di solitudine, fuori dal caos dell'ordinario, riusciremmo sicuramente a sentire più spesso la presenza di Dio.

Quando il caos della vita non ci disturba riusciamo a pensare a cose che sembrano avvicinarci alla soluzione del grande mistero. Abbiamo l'impressione di ascoltare una voce dal nostro interno che ci suggerisce idee, ci apre orizzonti, allarga le nostre misere vedute.

Poi ripiombiamo nella confusione e dimentichiamo.

Continuavo a salire. La via, ogni tanto, diminuiva di pendenza ed aveva tratti rettilinei in mezzo agli alberi che, man mano, si facevano sempre più radi.

Il chiarore dell'aurora fece indietreggiare poco alla volta la folla di stelle, fino a quando una fetta di sole non sbucò dai monti ad est. Intanto avevo raggiunto, godendo di questo nuovo spettacolo, la sommità del monte, che era un altopiano dove alcuni ripetitori televisivi si stagliavano nella nuova luce azzurro-arancio di quel cielo terso.

Un nuovo giorno.

Avvertivo una sensazione di rinascita e di stupore.

Più che un nuovo giorno, un nuovo corso.

Finito l'altopiano iniziava la discesa sul versante opposto. Decisi di abbandonare la strada asfaltata e presi un sentiero tra la boscaglia che si faceva, scendendo, sempre più fitta.

Sotto si vedeva Assisi.

Ogni tanto nella vita bisogna avventurarsi per strade sconosciute, esplorarle, cercare ciò che non si è trovato fino a quel momento.

Tenevo ancora con me il bastone, che mi fu utile in alcuni punti scoscesi per appoggiarmi. Non avevo portato l'orologio, il tempo non mi interessava. Dovevano essere più o meno, considerando l'altezza del sole e l'ora legale, passate le otto. Giù la città era lontanissima.

Ma la dovevo raggiungere, non volevo tornare indietro.

Mai tornare indietro, la vita è avanti.

Il sottobosco, man mano che si scendeva, cambiava d'aspetto, a tratti era talmente intricato che dovevo aiutarmi col bastone per aprirmi il percorso ma, nonostante tutto, dava sicurezza, come agli invisibili animali che sicuramente lo popolavano.

Ogni tanto incrociavo la strada, ma non la prendevo, non mi interessava la via sicura, continuavo a tagliare.

Era bello scendere tra la vegetazione e farsi largo là dove l'erba e i rami bassi formavano barriere fitte e allo stesso tempo penetrabili con facilità, aiutandomi con quel pezzo di legno.

Camminai a lungo ma continuavo a non essere stanco.

Passai a poca distanza dall'eremo delle Carceri, dove San Francesco ed i suoi compagni si ritiravano a pregare. Era incastonato nel fianco della montagna in una posizione, per quei tempi, quasi inaccessibile.

Il fascino di quei posti, la loro magica solitudine, ti spingeva a pensare all'inutilità delle cose che reputiamo oggi indispensabili per la nostra esistenza.

E pensare che allora, trent'anni fa, tanto di ciò che usiamo quotidianamente, oggetti di cui non sappiamo più fare a meno, come il telefonino, il computer, il tablet ed altro, non esistevano ancora.

Continuai a scendere e verso mezzogiorno, secondo quanto mi suggeriva il sole alto nel cielo, giunsi ad Assisi.

Ne ebbi conferma dall'orologio sul campanile di una chiesa.

Cercai un telefono pubblico, volevo sentire mia madre. Le avrei voluto raccontare quello che stavo vivendo ma non avevo gettoni sufficienti. Mi limitai a rassicurarla che stavo bene e la salutai. Mi chiese, cosa che faceva abitualmente ovunque fossi e a qualsiasi ora la chiamassi, il tempo com'era.

Bello. Il tempo era veramente bello.

E, naturalmente, per tempo intendevamo in quel momento due cose diverse, ma era in entrambi i casi bello.

Era la prima volta che visitavo Assisi, mi diede l'impressione di un posto che si era fermato ad un certo punto della storia. Era monumentale ma semplice. Avevo lasciato il mio amico bastone prima di entrare in città, nel sottobosco, per farlo sentire a casa sua.

Mi diressi verso la basilica, continuando nel mio deserto, anche se ora ero in mezzo alla gente.

Mi voltai ad alzare lo sguardo verso il Subasio, chissà quanti chilometri avevo percorso in quelle quasi nove ore. Le soste che avevo fatto erano state di breve durata, a volte solo per ammirare il panorama o, quando ancora era notte, il cielo stellato.

Calcolai che comunque avevo camminato per almeno ventiquattro chilometri, considerando una media di tre chilometri l'ora. Erano tanti ma non avvertivo nessun fastidio. Certo, ero nel pieno della gioventù, a farli oggi chissà.

La basilica, dopo una curva, si presentò in tutta la sua maestosa imponenza, in contrasto, probabilmente, con le volontà e le predicazioni del Santo. Ma non tutti gli uomini sono santi e pensano, anche in buona fede, di rendere omaggio alle memorie con costruzioni grandiose. Di questi omaggi bisogna apprezzarne l'arte e la capacità di erigere simili edifici con le semplici attrezzature disponibili nei secoli passati.

Scesi nella basilica inferiore, quella più antica, dove sono custodite le spoglie di San Francesco

Mi soffermai a lungo davanti alla sua tomba.

Pregai in silenzio e poi chissà cos'altro pensai.

Quando uscii mi sedetti di fronte alla chiesa, su un muretto, e mangiai il pezzo di pane e la mela che avevo nello zainetto. E bevvi. Già, fino a quel momento non avevo neanche bevuto, non ne avevo avvertito la necessità, mi ero dissetato in modo diverso.

Dall'altro capo della città c'era il monastero delle Clarisse, con la tomba di Santa Chiara.

Volevo visitare il più possibile quei posti. Rimisi lo zainetto, ormai vuoto, in spalla e presi la direzione indicata dalla segnaletica turistica.

Raggiunsi il monastero e, dopo aver visitato la parte superiore, scesi nella cripta, dove dietro una grata oscurata da un velo si intravedeva la sagoma di una suora che era lì per ricevere le offerte e dare in cambio un'immaginetta.

Misi la mia offerta sul piano di marmo e dalla fessura sotto la grata spuntò una mano tanto scheletrica da farmi impressione. Raccolse la moneta che avevo poggiato e mi passò l'immagine della Santa. Quella mano mi è talmente rimasta impressa nella mente che ancora oggi, a distanza di così tanto tempo, la ricordo perfettamente.

E quando mio padre, verso la fine della sua vita terrena, era diventato magrissimo, consumato dalla malattia e dall'età, le sue mani mi ricordavano sempre quella vista quel giorno. Ogni volta che gliele tenevo o le pulivo usando tovaglioli imbevuti, la mia mente, immancabilmente, volava a quel ricordo.

Era venuto il momento di tornare a Spello.

Scesi verso Santa Maria degli Angeli, visitai la chiesa e mi fermai alla vicina stazione ferroviaria ad attendere il treno.

Ora la stanchezza si faceva sentire, non ce l'avrei fatta a tornare a piedi, si trattava di fare ancora più di dodici chilometri.

Feci il biglietto ed attesi.

Il treno giunse dopo una mezz'ora e, una volta a Spello, comunque mi toccò fare un paio di chilometri di salita dalla stazione fino all'eremo. Là trovai Peppe, seduto su un muretto, che sembrava attendermi. Antonio non era ancora rientrato.

Erano le quattro del pomeriggio.

Strade diverse...

Quei sette giorni trascorsi a Spello servirono molto a formare il mio cattolicesimo e, soprattutto, a far differenze tra quelle che erano, se possiamo usare un termine politico, le diverse "correnti" interne alla mia religione.

Avevo da poco avuto un'esperienza che mi aveva portato si a conoscere nuove persone ma che, da un punto di vista spirituale, aveva creato in me alcuni dubbi.

Il parroco del mio paese di quel tempo aveva voluto che partecipassi ad alcuni incontri organizzati da un movimento cristiano-cattolico presente in tutti e cinque i continenti: il movimento dei Focolari.

Nato dalla vocazione sentita da Chiara Lubich durante i bombardamenti di Trento nel 1943, nel corso della seconda guerra mondiale, si era diffuso presto in tutta la penisola dopo l'incontro avuto da Chiara con Igino Giordani, all'epoca deputato della Democrazia Cristiana. A seguito di numerosi viaggi, si era allargato a tutta l'Europa e poi nel resto del mondo.

Il parroco mi aveva spiegato com'era l'organizzazione, cos'erano i "focolari", quale era il carisma.

“Perché tutti siano una sola cosa. Come tu, Padre, sei in me e io in te, siano anch'essi in noi una cosa sola, perché il mondo creda che tu mi hai mandato.” (Gv 17,21).

L’unità era il motivo portante.

Gli incontri della mia comunità avevano una loro riservatezza, ci si incontrava quasi sempre a casa di qualcuno del gruppetto, formato non in parrocchia ma in una chiesetta annessa che frequentavo, per leggere la “Parola di Vita, una riflessione mensile di Chiara Lubich su un verso del Vangelo, e fare poi delle meditazioni su ciò che era stato scritto dalla stessa Chiara.

Durante gli incontri si raccontavano esperienze personali legate ad episodi specifici della propria vita, a conversioni, a pentimenti riguardo determinati comportamenti e finché si era nel giro della propria comunità non c’era nulla di strano se non il fatto che chi conduceva l’incontro, quasi sempre il parroco, riferendosi a citazioni evangeliche, usava l’intercalare “Chiara dice...”

In verità l’ha detto Gesù, obiettai una volta.

Mi fu spiegato che sicuramente era così, ma noi approfondivamo quella che era la riflessione su ciò che Gesù aveva detto, riflessione formulata, nello specifico, da Chiara.

Nel corso della mia esperienza nel Movimento dei Focolari ho partecipato a due incontri a livello extraregionale chiamati “Mariapoli”.

Per partecipare a questi incontri bisognava pagare una quota, e la prima volta, non avendo grosse possibilità economiche, il parroco contribuì alla spesa perche ci teneva che io partecipassi.

Durante le “Mariapoli” ebbi l’impressione di essere sotto osservazione, e la cosa mi diede non poco fastidio. In stanza si veniva sistemati sempre con almeno un “veterano” che, a fine giornata, ci aiutava a fare il punto della situazione, riassumendo ciò che nel corso della giornata avevamo ascoltato. L’obbligo alla partecipazione non mi piaceva. Ebbi anche l’impressione che alcune di queste esperienze erano costruite.

Non mi sbagliavo.

Un giorno fui invitato ad un incontro territoriale dove mi fu chiesto, visto che seguivo il movimento da oltre un anno, se ero disposto a raccontare la mia esperienza.

Accettai.

Mi contattò il responsabile di zona che chiese se potevo recarmi presso la parrocchia dove avrebbe avuto luogo la domenicale “giornatona”, così la chiamavano, il giorno precedente.

Giunto lì, nel pomeriggio del sabato, mi fu cortesemente chiesto di raccontare in anteprima ciò che avrei detto dal palco il giorno successivo per verificarne il contenuto.

Rifiutai con la stessa cortesia, salutai ed andai via.

“Sia il vostro parlare si si, no no” (Mt 5,37).

Ritenevo inutile raccontare una storia parzialmente mia per ricevere alla fine un applauso.

A tal proposito mi viene in mente una frase di Carlo: “I battimani sono una droga da cui i cristiani dovrebbero guardarsi con più attenzione.”

Ecco perché l’esperienza di Spello, che venne subito dopo, mi giovò tanto.

Due momenti della mia vita cattolica agli antipodi.

Sia ben chiaro, nulla ho contro il Movimento dei Focolari che porta la Parola di Cristo nel mondo ed opera per il bene. Magari fossero in tanti a farlo! Solo che il loro "modus operandi" non collimava col mio. Del resto, come in ogni campo, per dare il meglio di sé bisogna trovare la giusta collocazione. La mia, evidentemente, non era nei Focolari.

A Spello avevo acquistato quel famoso volumetto, ritrovato tra le cose riposte sull'ammezzato, scritto da Giuseppe Florio, "Perché vivere", che, insieme ai suoi altri scritti, consiglio di leggere.

Giuseppe, biblista e teologo, nato ad Aosta nel 1942, entrò a far parte della Congregazione dei Piccoli Fratelli di Charles De Foucauld, quest'ultimo beatificato nel 2005 da Benedetto XVI, nel 1964 a Bindua, un villaggio di minatori alle porte di Iglesias, in Sardegna.

Nell'autunno dello stesso anno, conobbe Carlo Carretto.

Carlo.

Lo avevo conosciuto il 20 febbraio di quello stesso 1985 quando i miei amici salernitani, avendolo invitato nella loro parrocchia per un incontro e non avendo modo di andarlo a prendere, mi chiesero se avessi potuto farlo io. Naturalmente non me lo feci dire due volte e nel mattino di quello stesso giorno partii per Spello.

Avrei fatto ritorno il giorno successivo, che era giovedì.

Vi starete chiedendo come a distanza di trent'anni io riesca a ricordare date, momenti, fatti e parole.

Non sono dotato di poteri soprannaturali o di una memoria eccezionale, ma ho sempre avuto l'abitudine, fino a non molto tempo fa, e di aver smesso mi pento, di annotare nell'agendina che annualmente il Touring Club dona nel pacco soci, tutto ciò che facevo quotidianamente.

E proprio rileggendo quella del 1985 sono risalito alle date di ciò che sto raccontando.

Mio padre era socio vitalizio di quel sodalizio ed ogni anno, quando rinnovava l'associazione, puntualmente, mi regalava l'agendina perché a lui non serviva.

Grazie, papà.

Insieme alle agendine conservavo note, appunti, biglietti ferroviari, cose che mi sono tornate utilissime in seguito quando volevo ricordare date di eventi, periodi della mia vita, cose dimenticate.

È bello ricordare, si ha l'impressione che il passato continui ad essere presente.

Le dodici ore trascorse a Spello, il viaggio di ritorno verso Salerno in compagnia di Carlo, mi diedero tanto di più rispetto all'esperienza di chiesa che stavo vivendo. E quando, nel maggio successivo, partecipai alla seconda "Mariapoli" a Monopoli, in Puglia, capii definitivamente, durante l'ascolto di alcune "esperienze" che la mia collocazione non era quella, all'interno della Chiesa cattolica, e, dopo la mancata partecipazione alla "giornatona", mi indirizzai in modo diverso.

Il silenzio del deserto dice molte più cose di tanta gente che affolla una sala.

Ma chi era Carlo Carretto?

Al di là delle tante biografie scritte da vari autori, e non è mia intenzione redigerne un'altra, principalmente perché non avrei le carte in regola per farlo e mi limito a riportare in appendice la bibliografia relativa, voglio che sia lui stesso a presentarsi a chi non lo conosce, riportando la presentazione del già citato libro di Giuseppe Florio "Perché vivere" fatta dallo stesso Carlo:

"L'esperienza di Spello è stata per me la conclusione di un lungo cammino di fede e di amore.

L'Azione Cattolica come comunità di vita e di preghiera mi aveva iniziato a quello che allora chiamavano apostolato.

Essa mi insegnò a conoscere la chiesa e a vivere per essa. Mi abituò all'impegno come esigenza di vita e mi trasmise la passione per la salvezza dell'uomo.

Non avrò mai parole di lode a sufficienza per dire la preziosità di questo insegnamento nel momento in cui la mia anima si apriva ai problemi dello Spirito, assetata di bene e di verità.

Poi venne il deserto.

Nel pieno del mio impegno per Dio e per la chiesa si fece udire in me la voce dello Spirito che mi chiamava a vivere un'altra esperienza: l'esperienza dell'Assoluto.

Non voglio più il tuo lavoro: voglio te.

Per chi se ne intende questa parola ha un significato ben chiaro: è la chiamata alla contemplazione.

Lasciai l'Azione Cattolica, lasciai l'Europa e andai nel deserto.

Oh, notti di fuoco della preghiera solitaria e prolungata! Oh purificazione verso l'Assoluto di Dio!

Il deserto occupò dieci anni della mia vita e fu certamente l'esperienza più bella e più esaltante della mia esistenza.

Talmente belle che io non l'avrei più abbandonata e sarei morto laggiù sulle dune del Sahara non attratto più che dal silenzio e dalla preghiera.

Ma io mi ero fatto piccolo fratello e i piccoli fratelli hanno un cammino tracciato dal Padre De Foucauld, cammino che fa di essi né degli eremiti del deserto né dei patiti dell'azione.

Il Padre De Foucauld per esprimere la sete che bruciava dentro di lui diceva: "Presenti a Dio e presenti all'uomo".

Come Francesco le due tensioni interiori erano ben chiare: l'eremo e la strada, la preghiera contemplativa e la presenza tra gli uomini.

A chi lo scambiava per eremita Francesco diceva: no, non sono un eremita, sono uno che vuole gridare il Vangelo sulle strade.

Io se volevo essere coerente al cammino intrapreso, anche se mi costava molto dovevo accettare l'abbandono del deserto e il ritorno sulle strade.

Nacque così per me "Spello".

Spello fu veramente la risposta alla duplice esigenza di azione e di contemplazione, il tentativo di essere presente a Dio e nello stesso tempo presente agli uomini, la sete di solitudine e il continuo lasciarsi mangiare dai fratelli.

Venticinque eremi sorsero su queste colline di Spello che in un "naif" di Norberto furono chiamate le "Colline della Speranza", luogo di incontro con migliaia di giovani, palestra di preghiera e dura fatica di confronti.

Senza quasi accorgermi mi ero trovato a vivere la sintesi proposta dalla chiesa di oggi: il cuore nel deserto con il mio Dio e tutto l'uomo presente negli uomini di oggi.

Mi sono sentito saziato e pieno di una gioia profonda; gioia che nasce dalla consapevolezza di vivere il Vangelo nella sua dinamica più esaltante.

Il trovarsi sulle strade del mondo, l'aprire il tuo eremo di preghiera al fratello che passa e ti cerca per essere aiutato; il vivere da vicino i problemi dell'umanità che sono problemi di pane, di pace, di rapporti sociali, di sofferenza, di impegno, ti obbliga ogni giorno a fare una sintesi tra il Vangelo e il mondo, tra politica e profezia, tra il mangiare il corpo di Cristo nell'eucaristia ed essere mangiato dai fratelli continuamente, inesorabilmente fino alla fine.

Spello per me è stata veramente il quadro ravvicinato della chiesa nella sua dinamica perenne di contemplazione ed azione, di silenzio gustato sotto gli olivi e di strade assolate, di notti passate a discutere con i fratelli e di notti dedicate alla preghiera.

Che stupenda cosa è l'impegno cristiano e che gioia di vivere ti comunica, che equilibrio ti regala ogni giorno pur nel travaglio della vita.

È allora che quando il fratello viene da te distrutto dall'usura della città e delle contraddizioni di un paganesimo imperante e ti propone la domanda: "Perché vivere" tu puoi rispondergli, tu sai cosa dirgli, tu possiedi il messaggio da comunicargli e la speranza da donargli."

Ecco chi era Carlo.

Io, nell'intraprendere quel rapido viaggio di andata e ritorno, che sarebbe durato poco più di ventiquattr'ore, ancora non lo sapevo.

E forse non l'ho saputo per molto altro tempo.

Non sempre si riesce a capire ciò che si sta vivendo.

L'importante è capirlo nel tempo terreno che ci è stato messo a disposizione.

Ad esempio, quante volte abbiamo detto ai nostri genitori che erano "antiquati", che avremmo comunque fatto di testa nostra perché era meglio sbagliare da soli, convinti, invece, di avere ragione.

Solo dopo, con l'esperienza della vita, la maturazione, capisci che non era così: avevano ragione loro.

E se avevano ragione i nostri genitori ancor di più ha ragione Dio.

Ma continuiamo a non ascoltarlo, da figli.

I nostri genitori vanno via, e riconosciamo poi i loro insegnamenti, Lui c'è sempre e fino alla fine abbiamo qualcosa da obiettare.

Non lasciamo passare tempo per ascoltare la sua voce, perché non sappiamo quanto ne abbiamo ancora.

Cerchiamo di capire ciò che stiamo vivendo.

Facciamo deserto intorno a noi, leggiamo ciò che abbiamo dentro, conosciamoci a fondo, esploriamo quella dimensione che la frenesia dell'esistenza ci nasconde.

E per conoscere il deserto non necessariamente dobbiamo andare in Africa: possiamo viverlo anche in solitudine a casa nostra o nel silenzio di qualche bella chiesetta di campagna.

Giuseppe Florio

Carlo, già mi conoscevi...?

Arrivai a Salerno verso le undici, con la mia macchina. Mi fu detto, però, che il viaggio l'avrei fatto con un'auto messa a disposizione dalla comunità parrocchiale ed in compagnia di altre due persone. Una la conoscevo bene, Ivana, componente della famiglia amica, l'altra persona, Raffaele, mi fu presentata quel giorno.

La macchina era una Peugeot 504 con cambio al volante, una novità per me abituato in quei pochi anni di patente al cambio classico a terra.

Volli fare un giro dell'isolato intorno alla parrocchia per provare l'auto e capire il funzionamento del cambio. Mi resi conto che era lo stesso di quello classico, cambiava solo la posizione.

Partimmo a mezzogiorno e un quarto, muniti di un foglietto su cui erano state annotate le indicazioni di viaggio, che ancora gelosamente conservo, fino alla meta. L'ultima indicazione, sul retro del bigliettino, diceva: "Carlo sta all'Eremo GIACOBBE: da San Girolamo seguire sempre le frecce rosse".

Durante il viaggio parlammo dei più svariati argomenti e Ivana, che aveva letto libri di Carlo, provò a farci capire chi andavamo ad incontrare.

Trovammo traffico solo a Roma, sul Grande Raccordo Anulare. A quell'epoca la bretella non era ancora stata costruita, ed arrivammo a Spello che erano circa le cinque del pomeriggio.

Era già buio ed avemmo qualche difficoltà nel seguire le famose frecce rosse del bigliettino, lungo quelli che erano poco più che sentieri.

All'eremo Giacobbe ci accolse una signora che si presentò dicendo di chiamarsi Liliana.

Liliana Carretto, l'ultima sorella di Carlo.

Entrando conoscemmo anche Giovanna, un'altra consacrata che viveva lì, in quell'eremo.

Faceva molto freddo, ma l'aria era secca, e Liliana disse che durante la notte la temperatura sarebbe scesa al di sotto dello zero.

Carlo era in cappella e ci raggiunse dopo poco.

Appoggiandosi ad un bastone, salutò calorosamente e ci invitò ad unirsi a lui in preghiera di ringraziamento.

Zoppicava e solo in seguito ne conobbi il motivo: un incidente nel deserto, un'iniezione sbagliata, ma per lui non era una disgrazia, solo un motivo in più per incontrare Dio.

Ci fu offerto un tè caldo che gradimmo molto e quindi ci furono mostrate le celle al primo piano dove avremmo trascorso la notte. Liliana disse anche che per lavarsi il mattino dopo era necessario riempire delle bacinelle perché durante le ore notturne i tubi ghiacciavano e prima di mezzogiorno non c'era acqua corrente.

Avevo portato l'indispensabile, poggiai lo zainetto sul lettino e mi guardai intorno. La semplicità di quella stanza, ridotta all'essenziale, mi fece capire che per vivere non serve granché e tutto ciò che desideriamo, e spesso acquistiamo per soddisfare le nostre voglie, è un in più inutile.

Un lettino, un comodino in legno, una sedia, un'icona di Cristo a capoletto, le pareti intonacate, il pavimento di antiche piastrelle di cotto, nient'altro. Dalla finestrella si doveva sicuramente vedere la campagna circostante ma era buio pesto ed il vetro era appannato.

Immaginai come poteva essere stato il posto duecento anni prima, senza nemmeno la corrente elettrica e l'acqua, ed in quale semplicità avesse vissuto la famiglia che abitava quella casa.

Ci lamentiamo sempre. Troppo.

Ed oggi, mentre scrivo e mi sforzo di ricordare ciò che non ho appuntato nell'agendina, o nei fogli dattiloscritti in seguito, penso che forse ho perso un'occasione. Ma penso anche che se è andata così vuol dire che il disegno fatto su me prevedeva quello che è accaduto, e che se sto scrivendo è perché non è mai troppo tardi per nulla nella nostra esistenza.

E l'occasione non si è persa ma si è trasformata. Trasformata in una famiglia, una moglie, due figlie e un dono immenso che mi ha avvicinato ancora di più a Dio: un angelo che ho chiamato Paolo e che nella sua disabilità ci fa capire quanto i meno abili siamo noi che crediamo di essere "normali".

Ma a quei tempi di tutto questo non ne sapevo nulla.

Oltre gli appunti, la tecnologia ci mette a disposizione nuovi mezzi per scavare nei nostri ricordi.

Cercando su internet trovo tante pagine interessanti, fino ad oggi mai cercate.

Ecco il disegno.

Cosa mi ha spinto a farlo solo ora?

L'aver ritrovato quel libro?

E perché l'ho ritrovato?

Perché mio padre è morto ed io sono passato nella casa dove abitava?

E nella confusione del trasloco, cercando di riordinare le cose, ho aperto quella polverosa scatola di cartone?

Tutto ciò doveva accadere. Ora.

E tra le tante pagine visualizzate e salvate in una cartella sul desktop, ne trovo una scritta da fratel Tommaso, si, ora lo ricordo vagamente, era lì, a San Girolamo e si alternava nelle celebrazioni con Giuseppe Florio, o concelebrava.

Leggo la sua testimonianza, scritta qualche anno fa, che mi aiuta tanto nel ricordare luoghi, persone, atteggiamenti. La riporto di seguito, in parte, perché come ha aiutato me a ricordare può aiutare voi a capire meglio Carlo:

"A Spello, con Carlo Carretto, ho imparato che il cammino è senza fine.

(...) La mia vocazione come religioso, come piccolo fratello del Vangelo, ha radici spellane, cioè data dalla prima venuta a Spello: nel chiostro di S. Girolamo dove si celebrava una liturgia viva; nella cappella con il grande crocifisso e Carlo che, inginocchiato all'araba con lo sgabello, fa

adorazione; negli oliveti al lavoro con Antonio Timio, Guerrino o Vincenzo. Come prete diocesano dovevo fare una settimana di ritiro.

Avendo sentito di fratel Carlo, che già conoscevo, e dell'eremo di Spello, scelsi di fare lì la settimana.

Scoprii un altro modo di fare ritiro.

Non le 4 prediche al giorno, non la fuga dal mondo, bensì un andare più a fondo nella relazione con Dio riscoperto nella creazione, nell'adorazione come silenzioso dialogo d'amore, nella Parola condivisa; un incontrare gli altri in ascolto reciproco, imparando a diventare fratelli e sorelle; un andare dentro se stessi liberando le paure, senza sensi di colpa, imparando a camminare liberi e leggeri. (...)

Si, a Spello, circa 40 anni fa, ho incontrato prima di tutto un uomo (mentre ancora mi aspettavo un frate con l'abito e gli abiti da frate), un uomo libero, in cammino di liberazione senza fine.

Un uomo leggero, pur con il suo peso, accogliente, semplice, ridiventato bambino, innamorato di Dio, dell'Uomo e della Chiesa.

Negli occhi, una luce particolare, uno sguardo penetrante; nella voce un suono familiare, attraente coinvolgente; nelle mani una presa affettuosa e sicura, avvolgente, che rialza dalla caduta, che si appoggia al bastone, si, perché ...; nelle gambe una storta da iniezione sbagliata. Ma ciò che poteva essere (e di fatto era) una disgrazia, si avvertiva che era divenuta strumento d'incontro e di relazione rinnovata con Dio, con gli altri e con se stesso.

Quante discese nella vita di Carlo per librarsi in volo, per salire in umanità vera, in sapienza e grazia!

Vorrei solo ricordare, come esemplare, ciò che un p. fratello francese - non troppo in simpatia con lo stile di Carlo - nei primi anni di Spello rispondeva a chi arrivando al S. Girolamo aveva la disavventura di chiedere: dov'è il professore? riferendosi a Carlo. La risposta: il professore è morto! Come? Si, il professore è morto. Se cerca fratel Carlo è in cucina o dalle galline ...

Lo ricordo, seduto sul muretto del Giacobbe, con a fianco Giovanna, sorella pellegrina, le gambe accavallate ("E' in questa posizione che riposo meglio") -lo sguardo attento e meravigliato sulla vallata di ulivi e il paese là in fondo, luminoso, sotto il sole cadente- a sgranare sapienza umana, evangelica, con giovani e adulti, vecchi amici e nuovi, a ridere di cuore con chi era nella gioia e piangere nel cuore con gli afflitti. Sempre però abitato dalla speranza: "È più difficile scappare da Dio, molto più difficile che rimanere in Lui. Perché Lui, Gesù, è sceso in fondo, nello sporco, nel dolore di ognuno e là ti aspetta e ti ama, ti prende in spalla e ti innalza ..." 'E Dio vide che era cosa buona' è l'ultimo suo libro, quando, già molto malato, traduce in scritto ciò che sta vivendo, a Ponte di legno in Val Camonica, a casa dei Morra, grandi amici dai tempi della fraternità di Bindua, in Sardegna dove Carlo era stato per un tempo.

(...) Fratel Carlo persona libera.

Di una libertà che è sempre dono di Dio, ma acquistata, palmo a palmo, nei suoi lunghi momenti di preghiera, vissuti spesso nelle lotte con il suo Signore e Fratello, come era avvenuto per Giacobbe. Di qui il nome dell'eremo dove Carlo viveva più di frequente. Quante volte ho sentito commentare l'episodio biblico di Giacobbe al guado, della lotta con l'Angelo, con toni appassionati e in cui si sentiva l'esperienza personale.

Libertà acquistata nei numerosi contrasti che si era trovato ad affrontare e che a costo di pagare di persona aveva sempre cercato di risolvere seguendo fino in fondo la propria coscienza.

Carlo non era caratterialmente una persona molto domabile. I suoi fratelli di fraternità e/o superiori lo conoscevano bene e pur stimandolo ed amandolo profondamente, lo seguivano con una certa apprensione per la paura che, attirando tutte quelle folle, stravolgesse il carisma proprio dei Piccoli fratelli votati al nascondimento e alla semplicità della vita quotidiana.

Conosciutissimo per il suo passato in A. C. e il suo rientro in Italia con il libro 'Lettere dal deserto' (nato dagli anni nel Deserto del Sahara), Carlo era facilmente a portata dei giornalisti.

Ma lui, senza troppi problemi, se c'era da battere i pugni sul tavolo, lo faceva.

A volte in modo -è vero- un po' maldestro, come nel caso della posizione sul divorzio.

Chiederà infatti perdono al Vescovo, ma appunto per il modo, non per il contenuto.

Qualcuno infatti aveva visto in quella presa di posizione come un atteggiarsi a 'profeta' oltre che un passo falso, mentre quell'intervento era frutto di sofferenza e di notte di preghiera e di saggezza.

A Spello dunque, con Carlo, da Carlo, -Vangelo alla mano-, come suggeriva Charles de Foucauld: Ritornate al vangelo, in adorazione davanti a Gesù eucarestia, sia di giorno e una volta alla settimana di notte ("Fratellino, sorellina alzati: meglio pregare che dormire"), a contatto, nel lavoro, con i contadini della vallata, ho imparato (dal '69 la prima volta, poi novizio, poi in fraternità dall'84 al 91) a camminare nella conoscenza del volto di Dio, del volto dell'Uomo, del volto della Chiesa.

Pellegrini, come il pellegrino russo la cui icona -della pittrice e amica Margherita Pavesi, che con altre icone aveva dato un tono d'arte e di forte presenza dello Spirito- campeggiava all'entrata della cappella del Giacobbe; in cammino, pellegrini e stranieri sempre, come e sulle orme del Pellegrino tra Cielo e terra, tra Dio e l'uomo, imparando ancora e sempre a credere, a pregare ('Sono una preghiera in cammino'), ad amare ...

Questo uno dei primi insegnamenti di chi, venuto a Spello per motivi vari, ripartiva con fiducia, con speranza, con la beata povertà di chi sa che 'Non esiste il cammino; è camminando che si fa il cammino'.

E nel 'pellegrinaggio' della sua vita, perché così si può dire, visto i vari passaggi, ma in profonda unità di radici e di direzione, Carlo mi ha portato a scoprire un altro volto di Dio, un altro volto dell'Uomo, un altro volto di Chiesa.

(...) A fianco di Carlo, nel clima del Concilio e nella spiritualità di fr. Charles de Foucauld, tanti hanno scoperto il volto Umano di Dio, il volto di Gesù di Nazareth ...

Dio Padre e Madre *(Papà e Mamma), un Dio che fa dei figli non degli schiavi o solo degli oggetti, che invita a stare con Lui, nella casa che è casa di tutti, proprio tutti, di tutte le etnie, tutte le religioni, tutti figli nel Figlio.*

Dio Bambino, Piccolo, *che scende nella valle, nella pianura (Vangelo di Luca) che si confonde davvero, non per scherzo, con i peccatori, con i piccoli.*

Un Figlio di Dio laico, *("Non voglio essere presbitero, per conservare un minimo di libertà ...") operaio, pescatore, che invita a tavola i peccatori, le prostitute ....*

Dove Carlo ha imparato queste cose? Certo dal Vangelo, dalla Bibbia "Basta con un cattolicesimo senza Bibbia, con una predicazione senza midollo ... Quando bruciò il tempio di Gerusalemme, gli Ebrei, che se ne intendevano di tesori, abbandonarono alle fiamme tutto, ma salvarono la Bibbia"; e in particolare dall'altro Carlo, (che anche qui in Italia è meglio chiamare fr. Charles per non confondere), e da Milad, piccolo fratello maestro dei Novizi a El-Abiodh, nel deserto, che lo invitò a spogliarsi di tutte le sovrastrutture, di tutte le vanità del passato, anche l'indirizzario (bruciato tra le dune di sabbia), per imparare a 'gridare il vangelo con la vita, nell'essere piccolo e fratello universale, come Gesù'.

Un Dio imparato in ginocchio davanti all'Eucarestia, dove 'si sta come lucertole al sole, ma soprattutto come un feto, essere vivente, nel seno della madre'.

(...) Sui passi di Carlo zoppicante (in umanità siamo tutti zoppicanti), ho ritrovato ogni umano nel 'figlio dell'Uomo'.

Carlo, un uomo prima di tutto, prima di essere maestro o professore, prima di essere il Presidente (di A. C.), prima di essere piccolo fratello, senza nulla togliere al fatto di essere un religioso.

E a Spello ho incontrato un uomo che, soprattutto nell'ospitalità accogliente, calorosa, ("oh, sorellina, che bello vederti, rivederti"), indicava a tutti, anche senza parole, Colui che qui a Betania abbiamo imparato a cantare così: Tu nostra luce, Tu nostra pace, sei Tu lo splendore dell'umanità, l'Uomo-Dio, Gesù di Betlemme, di Nazareth, figlio di Dio.

In fraternità a Spello ho imparato, che in quel batuffolo di carne della grotta di Betlemme tutti i bambini (gli uomini), di tutte le etnie, religioni sono tutti plasmati nella divinità.

Si tratta solo di risvegliarsi a questa verità.

Ho imparato che dunque i sacramenti sono un segno, un risveglio, (ma aggiungono ontologicamente qualcosa?).

Ecco, desidero raccogliere in un solo colore l'arcobaleno di Umanità che Carlo ha vissuto e mi ha fatto ammirare, il colore arancione della Convivialità.

Che la vita sia una chiamata a 'mensa', a 'messa-convito, dialogo, condivisione, fraternità, amicizia', Carlo me lo ha fatto gustare proprio a tavola nelle case dei contadini della vallata Chiona o in paese; così come durante i pasti (pranzo e cena) al Giacobbe, al S. Girolamo o negli eremi con gli ospiti; e ancora durante i digiuni del venerdì, non vissuti con volto triste bensì con il profumo che sfociava nella cena festosa del dopo la liturgia di riconciliazione.

Me lo ha fatto gustare nelle Liturgie del sabato sera, preparate dai vari eremi e condivise, come a tavola, nel chiostro per nutrirsi di Parola fatta ri-suonare reciprocamente con canti, danze, poesie-preghiere, fiori, terra , acqua ...; e ancora nelle Messe-mensa domenicale nel 'sacro' refettorio del chiostro con il telone arancione, dove l'eucarestia era 'Una' dall'inizio del rito - Nel nome del Padre ... - alla pasta asciutta condivisa, seduti sui muretti del chiostro, nella gioia di 'chiacchierare' conoscendosi meglio, rinforzando amicizie nelle confidenze reciproche e a volte intessendo matrimoni.

La vita dunque un 'banchetto', una 'mensa' non dove qualcuno si abbuffa e altri soffrono la fame, una mensa sapendo gustare i dolci del maestro Nestore, la contadina minestra di Maria Baglioni, gustando e facendo gustare il vissuto di ogni con-mensale venuto da tante parti d'Italia o del mondo.

Uno dei segreti di Carlo, di Spello, un segreto che io chiamo 'sacramento della tavola' erano proprio le 'presentazioni' o 'condivisioni' a tavola dei discreti: perché sei venuto? Da dove vieni? dove vai? che cosa ti preoccupa, ti anima?

Convivialità *nell'accoglienza. A Spello Carlo ha accolto persone di tutti gli strati sociali, di tutte le differenti 'Chiese', di tante religioni diverse. Ognuno trovava la porta aperta. Se osava frenare l'invadenza, a volte pregava così (di fronte a tutti): "Signore metti le ali a chi viene in ricerca, con desiderio di condividere il quotidiano degli eremi, ma 'buca' le ruote di chi viene solo per approfittare, per danneggiare ..."*

Convivialità *tra piccoli fratelli e 'sabbatici', riuscendo a far stare alla stessa tavola del 'regno' (a volte non senza difficoltà) carismi diversi, stili di vita differenti. Penso in particolare a Giovanna con il suo carisma di pellegrina, con il suo dono di accoglienza, per anni a fianco di Carlo al Giacobbe; penso a Pierangelo e il suo straordinario carisma di canto, a Gino e Meri, a Erina e tanti altri.*

Convivialità *con i proprietari degli eremi (non sto a nominarli tutti, sono più di 25) che Carlo sapeva coinvolgere nella condivisione non solo dei beni terreni ma dello spirito, del cammino di fede.*

Convivialità *con tutto il paese di Spello in tutte le sue dimensioni, anche artistiche (penso in particolare alla collaborazione con il pittore Norberto e con Orlando, che, come p.f. era stato agli inizi con Carlo al s. Girolamo; convivialità con le varie amministrazioni in un clima di non giudizio, di 'il primo dialogo è la collaborazione nelle opere di bontà.'*

Convivialità *tra i piccoli fratelli stessi del Vangelo (per es. Giuseppe Florio, con il suo talento di annuncio della Parola, ma in un rapporto non facile con Carlo), con gli altri rami della spiritualità di Charles de Foucauld, in particolare, anzi direi preferenziale con G. Carlo Sibilia e la Comunità Jesus Charitas da lui fondata.*

Convivialità, *la più difficile, con la chiesa locale (penso a D. Angelo parroco di S. Lorenzo), comunque desiderata, ricercata e voluta anche attraverso la richiesta di perdono.*

Andando più a fondo nella vita di Carlo: convivialità tra presente e passato *(Piccolo fratello e Azione cattolica), non spaccatura, bensì approfondimento (anche se al momento di fare il passaggio, gli è parso così, ma questo è il famoso detto di Gesù: lascia – addirittura si traduceva: se uno non odia- il padre, la madre ... lascia tutto e seguimi. Nei passaggi c'è sempre un distacco...).*

Carlo, non sposato, eppure 'coniugato' nel suo intimo, *nel cuore.*

Lungo il cammino, dall'esperienza di Direttore didattico, dall'Azione Cattolica al Deserto di El-Abiod, di Tamanrasset, aveva imparato a fare unità dentro, senza confusione, a cogliere che le differenze, le diversità, le difficoltà o li metti d'accordo nel cuore, oppure rimangono o diventano ostacolo, paura ... Si avvertiva che Carlo aveva imparato la Pace dentro, la Giustizia dentro, la Povertà dentro, l'Ospitalità dentro; avvertivi un celibe "coniugato". Per questo poteva abbracciare uomini e donne, i poveracci (alcolisti, drogati, malandati ...) come i parlamentari.

*I coniugati, in particolare i religiosi 'coniugati', sanno amare davvero e hanno il segreto dell'*e ... e .... *(non conoscono* o ... o ..., *salvo per: o Dio o mammona): Divinità e umanità, lavoro e preghiera, maschile e femminile, azione e contemplazione; cattolici e protestanti; europei e africani, cristiani e mussulmani ....*

Questo significa mettere l'uomo al centro, essere appassionati di Dio e dell'Uomo.

E poi Carlo era appassionato, figlio scomodo ma fedelissimo, della Chiesa. (...)"

Leggendo questi pensieri di fratel Tommaso mi sono tornate chiare alla mente due delle persone che ha citato: Giovanna, che conobbi la prima volta, come detto, a febbraio del 1985, e Pierangelo, il musicista, che mi insegnò un canto molto bello, semplice ma significativo e profondo, quando seppe che ero un dilettante dell'organo da chiesa ed animavo la S. Messa delle 10,30 celebrata nella Congrega del SS. Rosario, nel mio paese, ogni domenica:

"Se qualcuno vuol seguire Gesù Cristo rinneghi sé stesso, prenda la sua croce ogni giorno e lo segua. Chi vorrà salvare la propria vita la perderà, ma chi la perderà per Lui la salverà. Perché nel Cristo ogni nostra croce è potatura per una vita nuova."

Questo il testo del canto. Di esecuzione abbastanza complessa per un coro come quello di allora (ma anche per quello di oggi...), perché fatto a due voci ripetendo più volte i periodi. Non sono mai riuscito ad eseguirlo durante le celebrazioni eucaristiche, ma non è mai troppo tardi.

Un testo breve ma ricco di significato.

Una riflessione sull'ultima frase, quella della potatura: come un giardiniere recide i rami secchi, ammalati, improduttivi, per ridare vigore alla pianta, così noi, affidando a Cristo i dolori, le pene, ciò che ci angoscia anche nel quotidiano, possiamo rinascere ogni volta, facendo germogliare sul ramo della nostra esistenza un nuovo virgulto, recidendo il peso delle sofferenze.

Oggi si pota poco, a volte si taglia via ciò che invece dovrebbe rimanere. Ed il carico si fa pesante, trascinandoci a fondo.

Carlo al Giacobbe

Convivialità ed accoglienza…

Ci ritrovammo giù, in quella che era la stanza da pranzo, accanto alla cucina. Carlo volle farci visitare la cappella, dicendo che dopo cena ci saremmo ritrovati lì per la Compieta.

Iniziò, poi, un discreto e delicato interrogatorio volto a conoscere principalmente cosa c'era dentro di noi piuttosto che sapere ciò di cui ci occupavamo nella nostra vita d'ogni giorno.

Nella sua mitezza era un duro.

Quella fu la prima impressione che ebbi di lui, avendolo di fronte.

Ci guardavamo negli occhi, il suo sguardo era caldo, rassicurante, trasmetteva serenità.

Aveva settantacinque anni Carlo, e fisicamente li dimostrava, ma i suoi ragionamenti no.

Trovavo giusta ogni cosa che diceva, era pieno di una saggezza ispirata.

Stavo lì da pochissimo tempo ma avevo l'impressione di conoscerlo da sempre, quella sensazione che si ha quando la persona che hai di fronte ha in sé qualcosa più degli altri.

Ero a mio agio. Anche i miei amici lo erano. Si instaurò subito il clima della fraternità.

Convivialità.

Si era fatta, intanto, ora di cena. Aiutammo a preparare mentre Giovanna stava cucinando una zuppa di legumi.

- Sono prodotti della nostra terra, sai? – disse Carlo – Ce li forniscono i nostri fratelli contadini.

L'esperienza diretta l'avrei fatta qualche mese dopo.

Carlo ringraziò il Signore per la nostra presenza e mangiammo.

Convivialità.

Dopo restammo ancora un po' di tempo a chiacchierare, poi si alzò, aiutandosi col bastone, e disse che era venuto il tempo di pregare. Ci chiese se volevamo farlo con lui e alla nostra risposta affermativa ci invitò a seguirlo nella cappella.

Quando, qualche tempo dopo, ho letto il suo libro "Lettere dal deserto" ho capito bene tutto il senso. Il suo non era affatto bigottismo, come quelle persone che recitano a memoria preghiere di tutti i generi facendolo solo con le labbra e non mettendoci la mente. Magari mentre stanno pregando con la voce il loro pensiero va alle faccende di casa o, se stanno in chiesa, alla persona che è appena entrata, pensando di lei forse le cose più torbide e cattive.

Capita.

La preghiera di Carlo era ben altra cosa e scaturiva da anni di esercizio, si, esercizio perché era andato nel deserto "per imparare a pregare". E per imparare bisogna fare esercizio.

"È stato il grande dono che mi ha fatto il Sahara, dono che vorrei trasmettere a tutti coloro che amo, dono incommensurabile, dono che riassume ogni altro dono, il sine qua non della vita, il tesoro sepolto nel campo, la perla preziosa scoperta sul mercato".

E ancora:

"La preghiera è il sunto del nostro rapporto con Dio. Potremmo dire che noi siamo ciò che preghiamo"

L'uomo che non prega non è.

Ma quale uomo non prega? Anche l'ateo più incallito si lascerà sfuggire un giorno, per un attimo, inconsapevolmente una sillaba di preghiera.

"La nostra preghiera ha avuto un principio perché noi abbiamo avuto un principio; ma non avrà fine, e ci accompagnerà nell'eterno, e sarà il respiro della nostra contemplazione estatica di Dio, e il canto della nostra felicità eterna (...).

La storia della nostra vita terreno-celeste sarà la storia della nostra preghiera.

È, quindi e innanzitutto, una storia personale.

Come non c'è fiore uguale ad altro fiore, una stella uguale ad un'altra stella, così non c'è uomo uguale ad un altro uomo.

Ed essendo la preghiera il rapporto di questo uomo con Dio, tale rapporto è diverso per ciascun uomo.

Non c'è, quindi, una preghiera uguale ad un'altra preghiera.

È una parola che varia sempre, fosse anche ripetuta all'infinito con le stesse sillabe e con lo stesso tono di voce.

Ciò che varia è lo spirito del Signore che l'anima; e questo non si ripete mai, è sempre nuovo."

Carlo, riguardo la preghiera, mi insegnò molto in poco tempo. Era un carisma innato in lui. Poche parole, significative, dirette, mirate.

"Per capire bene la preghiera, è necessario capire che si parla con Dio."

Abbiamo dunque un grosso vantaggio.

Quando parliamo con qualsiasi nostro interlocutore siamo costretti a spiegarci bene per farci capire, dobbiamo usare le giuste parole, impiegare i termini adatti. Quante volte ci capita di dover aggiungere alle nostre frasi un "mi sono spiegato?" Invece il vantaggio che abbiamo nel dialogare con Dio è che lui già sa cosa vogliamo, intendiamo o chiediamo. Non occorrono parole adatte o termini ricercati. La semplicità sta nel fatto che il dialogo può avvenire anche senza usare parole.

"Ci sono quindi due poli: l'uno piccolo piccolo, debole debole: la mia anima; uno immenso e onnipotente: Dio!"

La preghiera non nasce dall'uomo ma da Dio:

"Non sono stato io che ho voluto la preghiera, è Lui che l'ha voluta. Non sono stato io che l'ho cercato, è stato Lui che mi ha cercato per primo. Vano sarebbe stato il mio cercare Lui se prima di tutti i tempi non fosse stato Lui a cercare me."

Quello che aveva detto poco prima, cioè che era venuto il tempo di pregare, dava tanto l'impressione di un appuntamento preciso:

"La speranza su cui poggia la mia preghiera sta nel fatto che è Lui che vuole la mia preghiera. E se vado all'appuntamento è perché Lui c'è già ad attendermi."

Quindi se la preghiera non nasce dall'uomo ed è ispirata direttamente da Dio, noi usiamo le labbra solo per darle voce, per tentare di farla nostra. Ma Carlo aggiunge che c'è anche una preghiera che nasce sulla terra, nel cuore dell'uomo:

"Ma questa preghiera non è gran cosa: sovente è un po' di pettegolezzo spirituale, un domandare cose che non servono al nostro vero bene e che ci farebbero del male se ci fossero concesse, un riempire la bocca di parole pie per paura della solitudine e del dolore, da cui Gesù ci aveva già tenuto in guardia. (Quando pregate non fate come i pagani. Mt 6,7)."

La volontà di Dio è ben altra cosa che una vincita al lotto, la guarigione da una malattia, la fine di un amore o di un legame, o addirittura in certi casi il male di un'altra persona.

La definirei "preghiera ignorante".

Ed ho trovato un altro scritto di Carlo riguardo la preghiera, molto meno noto ma ugualmente profondo:

"Non potremo mai definire cosa sia la preghiera.

Non ci bastano le parole. Nessun santo c'è riuscito. La preghiera va talmente al di là di tutte le definizioni da lasciar sempre spazio al suo mistero. Sì, pregare è un mistero.

Pregare è comunicare col mistero che è Dio. Provateci, e vedrete che con tutta l'abilità non riuscirete a contenere nelle vostre parole, la vostra esperienza di preghiera.

Ma una cosa che riuscirete certamente a definire è che è un rapporto tra due persone.

Quando pregate vi sentirete davanti ad un Altro. Può darsi che l'Altro, tu lo senta dentro. Può darsi che tu lo senta fuori. Può darsi che ti senta avvolto. Può darsi che ti senta lontano lontano. Può darsi che tu lo senta come Silenzio, come Assenza, come Aridità, come Oscurità o come Luce o come Gaudio o come Pienezza o come Rimprovero.

Non c'è limite all'esperienza di Dio in noi. Lui è la novità ed ho l'impressione che non si ripeta mai nel modo di avvicinarsi a noi. Quando l'ho atteso sotto un olivo è venuto sotto una quercia; quando l'ho atteso in chiesa è venuto in città; quando l'ho cercato nelle gioie è venuto nel pianto; quando non l'attendevo più l'ho trovato davanti a me ad aspettarmi.

(...) Bisogna pregare sempre [1°Ts 5:17], pregare nello spirito in tutte le occasioni [Ef 6:18], elevare in tutti i luoghi le mani supplicanti [1°Tm 2:8].

(...) Pregare non significa tanto parlare ma ascoltare: contemplare non significa guardare ma essere guardati da Dio. Che volete che io guardi quando prego! Vi posso assicurare che in nessun momento mi sento così miope come quando cerco di puntare gli occhi su Dio. E Lui è là che ti guarda. E se ti guarda ti ama e amandoti ti dà ciò che cerchi: sé stesso. È Lui che mi ha cercato per primo ed è Lui che continua a cercarmi.

Ciò che conta è lasciarsi fare, vivere di fede, confidare nell'Eterno.

Capire soprattutto una cosa: che il nostro sviluppo dipende da leggi che non sono le nostre, da una volontà che ci supera.

Accettare che Lui faccia senza che noi non sappiamo come è cosa dura e ci vuol molto tempo prima d'impararlo a memoria.

Ma quando l'avremo imparato... che gioia! Poter vivere di questa sensazione: Dio fa mentre io dormo, Dio pensa a me mentre io lavoro o prego, Dio interverrà al momento giusto, Dio mi attende a pregare, Dio conosce il mio domani.

Lascia dietro di te il tempo, lo spazio, il numero, il concetto, la ragione, la cultura e guarda avanti. Guarda al di là di te; al di là della tua incapacità e del tuo limite e aspetta. Lascia che le lacrime righino l'aridità della tua fede. Non pensare ad altro: Dio è davanti a te.

(...) La preghiera non è una evasione ma un'illuminazione dal di dentro: non è una fuga ma un fiat di accettazione.

(...) Pregare è amare e amare Dio è come amare gli uomini: si vede.

(...) Rileggete il Cantico dei Cantici. Non riuscite mai a vedere la differenza che passa tra l'amore appassionato della sposa per lo sposo da quello tra l'anima e Dio. Si direbbe che sono la stessa cosa: certo hanno la stessa maniera di esprimersi.

Ed è proprio così che capita a chi di noi ama Dio. Quindi non chiederti se hai tempo di pregare quando sei molto occupato, chiediti se hai tempo per amare.

(...) Forse che non posso trasformare la mia preghiera in frasi rotte di affetto e dirgli mentre metto a letto il bimbo "Gesù ti amo" o mentre squilla il telefono "Buon giorno, Gesù".

(...) O mentre cammino nella sera dopo l'ufficio tra la folla anonima "Gesù abbi pietà di noi, siamo peccatori".

(...) No, per pregare non sono indispensabili le chiese, le formule, gli schemi: ciò che è indispensabile e che io ami perché l'amore è la più alta preghiera e ne è la pienezza.

(...) Più ci liberiamo dalle strutture, dalle formule, dagli... idoli, più semplifichiamo la nostra vita spirituale e più l'unione con Dio diventa reale.

(...) Non è un assoluto pregare in chiesa. Si può benissimo trovare Dio sotto le stelle o camminando in mezzo a una folla in città. No, per pregare

non sono indispensabili le chiese o le formule ma... possono aiutare nei tempi normali.

(...) Lo so che ti contorci pieno di dubbi: non avere paura. Sì, fatti coraggio, Dio ti ama. Ti ama e il suo amore è gratuito. Non ti ama per quel che vali, ti ama perché Dio non può fare a meno di amarti: è Amore.

(...) Ma come posso io amare chi non conosco, rispondere al suo amore che non vedo.

Non posso amare ciò che non conosco e Dio che lo sa meglio di me non poteva chiamarci al suo amore, senza fare in modo che la conoscenza di Lui sia resa possibile.

Tu accettando l'amore nella preghiera gli permetti di farti il dono della sua conoscenza, tu offrendogli la lavagna pulita della tua anima gli dai la possibilità di disegnare su di essa i tratti del suo volto.

L'inconoscibile diventa conoscenza; l'amore realizza il passaggio della frontiera dell'invisibile; l'al di là delle cose transita al di qua e diventa vita. Gesù l'ha definita vita eterna e l'ha precisata con queste mirabili parole: questa è la vita eterna che conoscano Te Padre e Colui che hai mandato il Cristo [Gv 17:3].

Non sono stato deluso e se voi mi chiedeste perché credo in Dio io vi risponderei: perché mi si è rivelato, e se voi mi chiedeste qual è la prova più alta della sua conoscenza, io vi risponderei: perché sono stato con lui.

(...) Posso dire: «Io credo in Dio perché lo conosco». L'uomo vecchio che è in me crede in Dio solo per analogia, attraverso la natura, la ragione, i simboli; ma il «bimbo» di Dio che è nato e che si sviluppa in me crede in Dio perché lo conosce. E lo conosce perché Lui si fa conoscere. Ma non nella carne e nel sangue, bensì nella stessa vita divina che gli trasmette nel suo amore. Questa è la mia forza. Ed è su questa forza ch'io metto la mia speranza. Su questa straordinaria realtà che io gioco tutta la mia vita."

I miei ventidue anni e qualche mese di quei tempi erano ancora troppo pochi per capire queste cose, ma ero affascinato da quel nuovo modo di pregare, lo stavo scoprendo minuto dopo minuto, in quella cappella spoglia, semplice, che racchiudeva in sé l'essenza vera della preghiera ispirata.

Tra quelle mura di pietra ed intonaco capivi che per vivere non avevi bisogno di nulla, ti era stato dato il necessario.

La voce di Carlo ruppe il silenzio per recitare la compieta.

La preghiera ha un tempo e dei tempi. A volte non è tempo:

"Siamo andati in coro a recitare il breviario, mentre il nostro dovere era d'andare in parlatorio a ricevere qualche povero noioso e puzzolente; abbiamo detto il rosario mentre andavamo ad un appuntamento pericoloso per la nostra anima; abbiamo acceso una candela per diventare ricchi; abbiamo piegato la nostra testa in adorazione mentre il nostro cuore era pieno d'amore impuro."

I tempi, invece, iniziano con la vita e terminano con essa. Nell'arco dell'esistenza pregheremo in vari modi, con la parola, col canto, con la recitazione, lamentandoci o esplodendo di felicità, ammirando e vantando le Sue opere.

"Ma anche qui è come nell'amore: le parole abbondano al principio, poi si fanno più rare e più profonde, finchè si riducono a qualche monosillabo che racchiude però tutto."

Terminata la recita e la lettura della compieta restammo in silenzio a lungo a meditare.

"Un altro tempo della preghiera è la "meditazione".

Qualche volta segue dappresso la parola. Specie quando l'anima è matura, s'intercala con essa, si fonde con essa. Qualche volta vien dopo, accompagnata da una serie di verità e di luce.

È il tempo del libro, il tempo in cui si cerca di sapere ciò che altri han detto di Dio; è il tempo fervido della riflessione, dello studio teologico; tempo di discussioni filosofiche, tempo di incontri d'anime, tempo bello, molto bello.

Se il mondo sapesse la gioia che prova un cristiano in questo periodo, la pace che regna nel suo cuore e l'equilibrio che domina le sue facoltà, ne rimarrebbe stupito, incantato."

La meditazione segue la parola. O la lettura. Cosa scegliere, allora, come lettura per ispirare al meglio la meditazione?

"Innanzitutto scegliete la Bibbia.

Se potete, leggete pure tutti i libri di meditazione che volete, ma ciò non è indispensabile; indispensabile invece è leggere e meditare la Sacra Scrittura.

Basta con un cattolicesimo senza Bibbia! Basta con una predicazione senza midollo, perché non ancorata alla Scrittura. Basta con una formazione religiosa non scaturita dal Vangelo.

La Bibbia è la lettera che Dio stesso scrisse agli uomini nei millenni della loro storia. È il sospiro verso il Cristo (Vecchio Testamento) e il racconto della sua venuta tra noi (Nuovo Testamento).

S. Paolo conosceva la Bibbia a memoria; e S. Agostino disse: "Ignoranza della Scrittura è ignoranza di Cristo".

Il Verbo fatto parola è la Bibbia, il Verbo fatto carne è l'Eucaristia. Non dubito di metterli entrambi sull'altare e di inginocchiarmi dinanzi.

C'è un risveglio biblico, grazie a Dio; ma siamo ancora molto indietro."

Terminammo la meditazione ed uscimmo dalla cappella. Ricordo ancora la bella sensazione di serenità che avvertivo e che riempiva il mio animo.

Dopo aver augurato la buonanotte salii al primo piano dell'eremo e chiusi alle mie spalle la robusta porta della stanza. Non avevo sonno né ero stanco. Faceva molto freddo e sul lettino c'erano tre pesanti coperte di lana, del tipo militare, sicuramente avute in dono. Misi il pigiama, anch'esso pesante, che avevo portato ed uscii nel corridoio per andare in bagno. L'acqua c'era ancora, del resto non era molto tardi.

Nell'assoluto silenzio di quel posto mi sarebbe piaciuto starmene fuori, all'aperto ad ammirare le stelle. Nell'agendina avevo annotato che provavo un gran senso di pace interiore e mi sentivo veramente bene. Lo avrei ricordato lo stesso anche senza nota.

Quell'esperienza dello stare fuori la provai poi in estate. Col gelo che c'era quella notte avrei rischiato l'assideramento.

Lasciai i battenti di legno esterni accostati per farmi svegliare dalla luce del giorno.

A quella età riuscivo a dormire fino a tardi, a condizione che ero in una situazione di buio totale. Oggi, buio o non buio, al massimo alle sei e trenta sono sveglio.

Mi meravigliavo quando sentivo mio padre che s'era alzato alle sei o mia madre alle cinque del mattino, non mi capacitavo.

E quando mi dicevano "vedrai, quando avrai la nostra età..." non ci credevo, pensavo fosse solo questione d'abitudine.

Mi sbagliavo.

Come in tante altre cose.

Non ricordo se presi sonno subito o dopo un po' di tempo, e non ricordo neppure a che ora mi risvegliai. Ricordo però che quando uscii nel corridoio, il mattino seguente, incontrai Raffaele che si era già alzato.

L'acqua non c'era più. La facile profezia s'era avverata...

Ci portarono una pentola con dell'acqua riscaldata sul fornello da mischiare a quella gelida messa la sera avanti nei catini.

Scendemmo a far colazione. Carlo era già in cappella e ci attendeva per le Lodi.

Verso Salerno...

La vecchia Peugeot, in barba al gelo, si avviò senza esitazioni.

Partimmo alle otto e trenta.

Cinque ore con Carlo, traffico escluso.

Raffaele lo aiutò a salire in macchina e sistemò il bastone al suo fianco destro. Ricordo che disse:

- Non abbiamo fretta...

Era un chiaro ammonimento ad andare piano.

In effetti anche io non avevo nessuna fretta, anzi avevo piacere di rimanere in sua compagnia il più a lungo possibile.

Cominciammo a scendere verso San Girolamo, la giornata era limpida, il freddo sempre pungente, ma in macchina si stava bene.

A bordo strada l'erba era piena di brina ed anche il fondo sterrato presentava qua e là piccole lastre di ghiaccio.

Man mano che procedevamo lentamente tra gli ulivi, Carlo ci illustrava i posti che attraversavamo ricordando per ciascuno di essi episodi legati alla sua già lunga permanenza in quei luoghi.

Passammo accanto San Girolamo. Seguì l'eremo con lo sguardo man mano che procedevamo, voltandosi a guardarlo finchè poteva, come fa un padre con la sua creatura e scendendo ancora arrivammo alla statale.

Vedevo per la prima volta l'Umbria considerando che la sera prima al nostro arrivo era già buio. Erano posti incantevoli che ispiravano serenità.

Quella di Carlo era stata una scelta azzeccata, o, molto più probabilmente, ben ispirata.

Il verde reso brillante dalla rugiada, i raggi di sole che riflettevano sull'asfalto filtrando tra la vegetazione, i borghi medievali che sporgevano dai crinali delle colline, erano motivo di facile distrazione alla guida ed anche per questa ragione me la presi veramente con calma.

Trevi, Campello, Spoleto e poi, in lontananza, Terni prima di attraversare ancora una fetta di medioevo per giungere ad Orte, dove ci immettemmo sull'autostrada.

Dopo qualche minuto Carlo, che aveva continuato a raccontarci episodi legati soprattutto ai suoi dieci anni di permanenza nel deserto del Sahara, in Algeria, dei Tuareg, delle loro abitudini e di altre tribù che aveva avuto modo di conoscere, spostò il tronco sul lato destro per infilare la mano nella tasca sinistra della giacca e tirar fuori un rosario.

- Preghiamo un po'? – disse.
- Certo! – rispondemmo quasi in coro.
- Conoscete il Rosario, vero?

Alla nostra risposta affermativa, fece un'altra domanda:

- Che rapporto avete con Maria? Io ne ho uno stupendo…

"I miei rapporti con Maria, la madre di Gesù, erano guastati dal romanticismo di quella devozione mariana che imperversava prima del Concilio e che a poco a poco si svuotava di contenuto.

(...) L'esaltazione fatta di questa creatura dal fanatismo di allucinati, così numerosi nel mondo cattolico, finisce per svuotare di autentico contenuto teologico la devozione per colei che è nientemeno che la Madre di Dio e che non ha bisogno di raccomandazioni per essere considerata.

Basta non tradire il Vangelo.

Non mi sono mai stupito quindi nel vedere in questi decenni inaridirsi nelle giovani generazioni la fonte dell'amore per Maria di Nazaret ed i venditori di rosari chiudere bottega.

Era necessario che così avvenisse.

Come per tante altre cose, bisognava ricominciare da capo.

(...) Non abbiamo incominciato da capo con la Chiesa considerata nel passato come una piramide clericale, mentre il Concilio ce l'ha delineata come «Popolo di Dio» in marcia verso la Terra Promessa?

Ebbene anche per la Madonna incominciamo da capo anche se questo «incominciare da capo» è solo un'impressione perché, in realtà, le cose continuano, perché nella Chiesa, che è un corpo vivo, una realtà viva, tutto continua.

Per me il ricominciare da capo ha avuto un momento importante.

È stato durante il mio lungo soggiorno nel deserto."

E prese a raccontare un episodio di quegli anni.

"Vivevo nell'Hoggar in una fraternità di Piccoli Fratelli del Padre de Foucauld e mi guadagnavo il pane lavorando sulle piste di Tit, Tazrouk, In Amguel, come metereologo. Il lavoro mi piaceva assai perché oltre il sostentamento mi dava la possibilità di vivere nell'ambiente che avevo cercato: il deserto e di unire alla fatica quotidiana i grandi silenzi e la possibilità della preghiera prolungata.

In poco tempo conobbi i tuareg che vivevano sotto la tenda, gli aratini che coltivavano le oasi e gli arabi che venivano dal nord e i mozabiti che si dedicavano ai commerci.

Mi ero affezionato soprattutto ai tuareg che avevano gli accampamenti lungo le «gueltà» (bacino roccioso dove affiora l'acqua) e sugli altipiani e coglievo le occasioni dei miei viaggi per fermarmi con loro la sera dopo il lavoro.

Fu durante un incontro con loro che io venni a conoscenza di un fatto interessante.

Ero venuto a sapere, quasi per caso, che una ragazza dell'accampamento era stata promessa sposa ad un giovane di un altro accampamento ma che non era ancora andata ad abitare con lo sposo perché troppo giovane. Istintivamente avevo collegato il fatto al brano del Vangelo di Luca dove si racconta proprio che la Vergine Maria era stata promessa a Giuseppe, ma non era ancora andata ad abitare con lui (Matteo 1, 18).

Ripassando due anni dopo in quell'accampamento, spontaneamente, come per trovare motivi di conversazione chiesi se il matrimonio fosse avvenuto.

Notai nel mio interlocutore un turbamento seguito da un evidente imbarazzato silenzio.

Tacqui anch'io. Ma la sera attingendo acqua ad una «gueltà» a qualche centinaio di metri dall'accampamento, vedendo uno dei servi del padrone, non potei resistere alla curiosità di conoscere il motivo del silenzio imbarazzato del capo dell'accampamento.

Il servo si guardò attorno con circospezione, ma, avendo in me molta confidenza perché «marabut» (religioso-uomo di Dio secondo la terminologia islamica) mi fece un segno che ben conoscevo passando la mano sulla gola col gesto caratteristico degli arabi quando vogliono dire «è stata sgozzata».

Il motivo?

Prima del matrimonio s'era scoperta incinta e l'onore della famiglia tradita esigeva quel sacrificio.

Ebbi un brivido pensando alla ragazza uccisa perché non era stata fedele al suo futuro sposo.

La sera a compieta, sotto il cielo sahariano, volli rileggere il testo di Matteo sul concepimento di Gesù in Maria.

Avevo acceso una candela perché era buio e la notte era senza luna.

Lessi: «Maria, sua madre, era fidanzata a Giuseppe. Ora prima che andassero ad abitare insieme si trovò incinta per opera dello Spirito Santo. Giuseppe suo sposo che era un uomo giusto non volendo denunciarla pubblicamente prese la risoluzione di ripudiarla silenziosamente» (Matteo 1, 19).

Insomma Giuseppe non era stato il denunciatore e Gioacchino, padre di Maria, non aveva assunto il ruolo del Khomeiny di turno ammazzando

Maria come avrebbe voluto la legge. «Mosè ci disse che questo tipo di donne siano uccise» (cfr. Deuteronomio 22,24).

Ricordo come fosse ora. Sentii Maria vicina vicina seduta sulla sabbia, piccola, debole, indifesa, col suo ventre grosso, con la sua impossibilità a piegarsi, silenziosa.

Spensi la candela.

Nella notte buia non vedevo le stelle.

Vedevo attorno a noi tanti occhi che brillavano come gli occhi degli sciacalli quando attentano gli agnellini.

Erano gli occhi di tutti gli abitanti di Nazaret che spiavano quella ragazza madre e le chiedevano con tutta la potenza dell'incredulità di cui sono capaci gli uomini, e più ancora le donne: «Come hai fatto ad avere quel figlio, sciagurata, scostumata!»

Che notte!

Che so rispondere?

Che è Dio il padre di questo piccolo?

Chi mi crede?

Sto zitta.

Dio sa.

Dio provvede...

(…) Quella sera sentii per la prima volta che mi stavo avvicinando al mistero di Maria.

Per la prima volta non la vedevo sull'altare come una statua immobile di cera, addobbata con abiti da regina, ma la sorella, vicino a me, seduta sulla sabbia del mondo, con i sandali logori come i miei e con tanta stanchezza nelle vene.

Allora capii perché sua cugina Elisabetta, che Maria era andata a trovare dopo quei fatti (si esce sempre volentieri dal proprio ambiente quando si è col ventre grosso e gli occhi dei vicini ti guardano in una certa maniera puritana), avesse potuto dire al termine del racconto che Maria le aveva fatto:

«Beata te che hai creduto».

(...) È difficile per noi credere a quello che dici testimoniando ci che quel figlio non è frutto di un'avventura notturna che non vuoi spiegare.

Ma è difficile soprattutto per te!

«Beata te che hai creduto» (Luca 1,45).

Dopo quel fatto della ragazza madre uccisa nell'accampamento tuareg perché colta in adulterio, i miei rapporti con Maria di Nazaret divennero molto più intimi.

Fu come se improvvisamente mi diventasse sorella. Non ero stato abituato a vederla così vicina, così umana, così fragile. Il culto aveva sviluppato, sì, un certo tipo di rapporto soprannaturale, ma aveva soffocato la -sua voce di donna, di creatura, di sorella, di maestra che accanto a me mi poteva ancora dire qualcosa.

Sì, lo devo confessare con umiltà, quando riuscii ad accostare quella tragedia, consumata nel silenzio di una sperduta vallata dell'Hoggar, al

Vangelo di Luca compresi in pieno il coraggio di Maria nell'accettare la richiesta dell'Angelo e il disegno di Dio su di lei.

Doveva accettare il ruolo di ragazza madre.

Chi avrebbe creduto a lei? Chi avrebbe accettato il discorso di una ragazzetta che in casa viene a dirmi: «Sai... questo bimbo che ho nel ventre è il figlio dell'Altissimo!».

A casa mia avrebbe per lo meno ricevuto uno schiaffo da mio padre, ed eravamo in Piemonte; a casa di qualche famiglia più verso il sud si sarebbe sentita dire: «Vattene e non vogliamo più vederti perché hai disonorato la famiglia».

In qualche casa araba o scita o ebrea dei tempi passati... sarebbe corso il sangue.

Maria, nella fede, ebbe il coraggio di confidare nel Dio dell'impossibile e di lasciare a Lui la soluzione dei suoi problemi: la sua era fede pura.

Fu una scoperta dolcissima la mia, fatta in un ambiente stupendo come il deserto e... quel deserto!

Non dimentichiamolo: la Bibbia fu scritta proprio in quel terreno tra il deserto e la steppa dove vivono le carovane, brucano gli asini e le pecore e gli uomini sanno interrogare il cielo perché è l'unica speranza di vita.

Ed anch'io ero là. Quando la sera preparavo l'accampamento sul bordo della pista ed accendevo il fuoco per far cuocere il pane e far bollire il tè, Maria mi veniva vicina. Bastava che tirassi fuori il rosario che mi ero costruito con grani di legno raccolti nell'oued di Issakarassem e che tenevo sempre in tasca, perché sentissi la sua presenza accanto al fuoco."

Ce lo mostrò. Poi disse:

- Vi insegno un nuovo modo di pregare con il Rosario. Il Rosario è un modo contemplativo di pregare. È una preghiera ritmica, semplice, povera, che ripete le stesse cose.

"A tutta prima, una preghiera di questo genere può apparire come immatura, formale, non intelligente ed invece per chi capisce è esattamente il contrario: preghiera matura, spontanea e dotata della più alta intelligenza che è l'intelligenza del cuore. Se la sposa dice allo sposo: «Ti amo», non è una brutta cosa. E se glielo dice cinquanta volte di seguito non credo che lo sposo s'offenda e consideri la sposa stupida perché ripete le stesse cose.

(...) E ricordalo: se riesci a dir tutto il rosario senza preoccuparti di pensare, ma solo contento di stare in pace con la Madre di Gesù, sii felice perché certamente sei sotto l'azione dello Spirito e questo è ciò che conta quando si prega."

- Anche gli islamici pregano il Rosario.

Il rosario islamico rappresenta la preghiera del deserto durante le lunghe marce.

È una lode prolungata, un'interminabile adorazione.

È formato da 99 grani che corrispondono alle 99 lodi di Dio e si fa scorrere sotto le dita con un'unica invocazione scelta tra le 99.

Oggi, con il crescente fenomeno dell'immigrazione, non è difficile incontrare per strada qualche persona di fede islamica camminare per strada tenendo in mano il rosario, facendolo scorrere tra le dita, sussurrando a labbra semichiuse qualcosa.

Questa persona è un "credente" in preghiera e sta dicendo: "Dio mio come sei grande", oppure, "Dio sei il misericordioso".

Gli islamici tendono a tenere segreta l'espressione usata nella preghiera.

Carlo, che aveva meno pudore, ci rivelò la sua: "Dio mio ti amo, abbi pietà di me".

- Ognuno di noi dirà apertamente la sua e poi intercaliamo l'espressione ad ogni Ave Maria. Così pregheremo per qualcosa che è nel nostro cuore.

Il nuovo modo di pregare col Rosario mi piaceva.

Ricordo che cominciai a pensare, con un certo timore di dire una sciocchezza, a quale intenzione di preghiera intercalare alle Ave Maria. Poi, rendendomi conto di chi avevo al mio fianco in quel viaggio, cominciai liberamente a dire tutto ciò che mi veniva in mente, senza paura di poter sbagliare.

Così mi liberai da un laccio che mi frenava, che legava la mia libertà di espressione, che poneva un limite ai miei pensieri.

Troppe volte non capiamo che siamo liberi.

Ci sottoponiamo al giudizio della gente, inibiamo il nostro vero essere.

Anche nella preghiera.

Diciamo di essere cristiani, poi ci vergogniamo a fare il segno della Croce in pubblico o di spendere una parola buona a favore di qualcuno, magari di difendere un debole o dire ad amici "laici" che stiamo andando a Messa.

Altro tipo di rosario è quello bizantino, che nella liturgia specifica è chiamato Cotki ed in russo Comvolojan, fatto in lana e formato da 100 grani che si fanno scorrere sotto le dita dicendo ad ogni grano: "Signore Gesù Cristo, Figlio del Dio Vivente, abbi pietà di me, peccatore".

"Questo ripetere, ripetere questa preghiera è un modo molto utile per «addormentare» la fantasia e l'immaginazione.

Come la mamma addormenta il bambino cullandolo, così il ritmo e la monotonia placano queste due «matte» di casa che sono sempre pronte a distrarre la preghiera."

Ritornando al rosario islamico, ecco di seguito le 99 lodi di Dio:

Il Benefattore	Il Dispensatore	L'Ultimo
Il Misericordioso	La Provvidenza	Il Manifestato
Il Re	Il Maestoso	Il Nascosto
La Bellezza	Il Generoso	Il Protettore
La Pace	La Sentinella	Il Degnissimo
Il Fedele	Colui che vede	L'Onnipotente
Il Difensore	Colui che esaudisce	Il Testimone
Il Potente	Il Saggio	La Verità
Il Riparatore	Lo Splendido	Il Forte
Il Grande	L'Amatissimo	Il Diritto

Il Fecondo	Colui che abbassa	Il Perdono
Il Creatore	Colui che innalza	Il Giudice
Il Vigilante	Colui che dà la dignità	Il Buono
L'Indulgente	Colui che toglie	L'Amabile
Il Dominatore	L'Invincibile	Il Regno
Il Donatore	Il Santo	Il Signore della Maestà
Il Dispensatore	Il Degno di ogni lode	Il Signore della Generosità
Il Vittorioso	L'Onnisciente	L'Equo
La Conoscenza	Il Principe	Colui che raduna
Colui che apre	La Risurrezione	Il Sufficiente
Colui che chiude	Il Padrone della morte	Il Ricco
Il Veggente	Il Vivente	Colui che detiene i beni
L'Attento	L'Opulento	Colui che li separa
Il Giudice	La Novità	Colui che li distribuisce
Il Giusto	L'Immutabile	La Luce
Il Sottile	L'Unico	Il Compassionevole
L'Osservatore	L'Eterno	Il Glorioso
Il Clemente	Il Bene	

Il Magnanimo	La Carità	L'Universale
Il Piacevole	Il Prudente	La Guida
Il Glorificato	Colui che produce	Il Perfetto
Il Magnifico	Colui che previene	Il Sublime
Il Guardiano	Il Primo	Il Paziente
		La Dolcezza

La centesima lode è tenuta nascosta e Dio la rivela personalmente a chi vuole.

Proseguimmo il nostro viaggio pregando per più di un'ora a quel modo, poi Carlo, sempre tenendo il rosario tra le dita, disse:

- La preghiera è bella, ma vuole anche meditazione. La meditazione è silenzio. Ciascuno pensi in cuor suo a ciò che abbiamo chiesto.

Dopo un po' di strada facemmo una sosta ad un'area di servizio, Carlo aveva bisogno di sgranchire un po' le gambe, non poteva stare molto a lungo seduto in macchina, sia a causa dell'arto danneggiato che per una forma di artrosi, sicura conseguenza dell'umidità degli eremi. Scese dall'auto, avvolse la sciarpetta a quadri al collo ed osservò il cielo terso.

Eravamo a metà del viaggio.

Perché?

In quell'estate successiva, nella mia permanenza a Spello, ebbi modo, come detto, di incontrarlo altre tre volte al Giacobbe ed annotai alcune sue riflessioni, ritrovate, poi, nei suoi scritti. Era il periodo in cui stava scrivendo "Perché Signore?". L'ho letto a distanza di anni ed ho ritrovato momenti vissuti nel corso della mia esistenza.

"...Nella piazza sento dire: "Perché il dolore? perché la sofferenza degli innocenti? perché la morte?".

Il cielo che per un momento mi era così chiaro, si oscura.

Nubi dense si accavallano sul mio povero orizzonte di uomo, di povero, di creatura debole e piena di paure.

Rimango interdetto.

È vero e hai ragione di chiedermelo: "Perché tanto soffrire?".

E più ancora: "Perché il male?"."

Ho sperimentato la morte dei miei genitori, quella di mia madre causata dal cancro, dopo mesi di atroci sofferenze. Sofferenze che leggevo nella flebile luce dei suoi occhi rassegnati. Quella di mio padre, spentosi nel silenzio e nella solitudine della sua stanza, consumato dall'età e dalle conseguenze di una caduta. La nascita di mio figlio, avvenuta con tante difficoltà ed una conseguente paralisi cerebrale che gli ha cancellato la gioia della vita e che stava spegnendo anche i nostri sorrisi.

Ed anch'io mi sono chiesto: "Perché?"

"Mi fermo, mi siedo vicino a te e col solo diritto di chi come te un po' ha sofferto, ti dico: la grande fortuna che mi è capitata nella vita è stata quella di conoscere Dio.

Sì, te lo dico nella verità, te lo dico nello spirito: Dio lo conosco. Ho imparato a conoscerlo.

Difatti dico sempre ai miei amici: credo in Dio perché lo conosco.

Cerca ora di seguire il mio ragionamento per un istante. Stringi i denti se soffri, ma ascolta ciò che ti dico.

Da che conosco Dio, so che non mi ha mai preso in giro. So che non mi inganna; questa è la mia forza. La conoscenza di Lui mi ha condotto a confidare in Lui. L'ho dentro questa esperienza ed è incancellabile.

Ho fiducia in lui: Ho fiducia anche quando la fiducia è messa alla prova e non capisco niente.

Sento di confidare in Lui anche quando il mio orizzonte è buio, arido, doloroso."

Io non ho trascorso dieci anni nel deserto, il mio deserto è durato una notte stellata.

Non mi sono fatto mangiare dai fratelli, spesso li ho affrontati.

Non ho pregato incessantemente, sono uno di quelli che riteneva le litanie inutili.

Non sapevo di aver conosciuto Dio.

L’ho conosciuto nella nascita di mio figlio, nella sofferenza di mia madre, nella solitudine di mio padre, nel raccontare ciò che sto scrivendo, in ogni strada che ho percorso, in tutti i momenti della mia vita.

“... Eccoti giunto al punto esatto.

Se accetti il regno tutto è chiaro, se non lo accetti tutto è oscuro.

Se esiste il regno che è la vita eterna, il perché del dolore e della morte ha il suo significato, se non esiste non rimane spiegazione di sorta.

E di questo sii certo: non troverai soluzioni da nessuna parte; rimarrai nell'angoscia e nell'oscurità.

So che ti dico queste cose nella fede, ma non ho altra lettura. Non esiste altra lettura.”

È il punto esatto ma è anche il più difficile.

Quante volte ci siamo chiesti perché nel mondo c’è cattiveria, perché muore un ragazzo di vent’anni e non un vecchio, perché le catastrofi mietono vittime innocenti, perché le malattie, le guerre, le persecuzioni, le barbarie, i genitori che uccidono i figli e tanti altri perché a cui vorremmo ci fosse data da Dio una spiegazione.

“...Dio aveva infiniti modi di fare un mondo diverso.

Lui è Dio, è il dio dell'impossibile.

Poteva fare un mondo senza sofferenze, poteva fare un mondo non assoggettato al dolore, poteva fare suo figlio immerso nelle gioie dell'eros come in un perenne viaggio di nozze.

No! Non l'ha fatto.

Gli ha lasciato un po' di eros ma gli ha chiesto di abituarsi all'agape del sacrificio.

Gli ha regalato albe stupende, ma gliele ha mescolate a notti di tragedia.

Gli ha dato salute e forza e gli ha lasciato dei buchi nei polmoni, o delle cellule impazzite fatte apposta per soffocarlo nel momento in cui non se l'attende.

Come terribile metastasi del male.

È inutile trovare la scusa che non è Dio che vuole il male, che il dolore è colpa dell'uomo e dell'ecologia distrutta.

No, no!

Io so che Dio può tutto e, se volesse, potrebbe bloccarmi il cancro che ho addosso e mi distrugge.

Non lo fa.

A me piace la soluzione di Giacobbe: mi sembra più semplice.

È lui che mi ha azzoppato.

Discutete pure all'infinito, come i quattro teologi accanto a Giobbe, sul perché del dolore e del perché Dio lasci il dolore su questa terra.

Io preferisco dire: "È Lui".

È Lui che mi ha distrutto i campi. È Lui che ha permesso che i nemici uccidano i miei figli. È Lui che mia ha portato su questo letamaio. Non ci sono due potenze. Ce n'è una sola: Dio!

Lui può.

Però non interviene e lascia che io soffra, permette che la guerra venga dichiarata, non dice nulla quando quattro boss della mafia mi avvelenano una provincia, lascia che la mano crudele del soldato e del poliziotto torturi il fratello per farlo parlare.

Qui sta una parte del mistero del dolore. Dio permette, Dio mi ferisce, Dio mi distrugge i raccolti, Dio imperversa nella tempesta, Dio mi conduce alla morte.

Ma è proprio nel ferirmi che tira fuori il meglio di me. Se non fossi ferito, sarei insopportabile nelle mie diaboliche sicurezze. Ferito, rimango calmo e imparo a piangere; piangendo imparo a capire gli altri, imparo la beatitudine della povertà.

È così. Se l'uomo non avesse il dolore, se non passasse nel limite della sofferenza, difficilmente infilerebbe la strada della salvezza.

Se in Egitto il popolo avesse avuto la libertà, Mosè non avrebbe potuto convincerlo a tentare l'avventura della liberazione.

Se nel deserto avesse trovato al posto dei serpenti, della fame e della sete, oasi incantate, non sarebbe mai giunto alla terra promessa.

Non esiste stimolo a marciare verso il nostro domani, più efficace della nostra sofferenza.

E per questo che Dio colpì Giacobbe all'anca."

La spiegazione viene sempre dopo. Verrà dopo la morte. Tanto, per capire tutti i perché avremo a disposizione l'eternità!

Momento di festa a San Girolamo

Inquietudine...

Prima di riprendere il viaggio con Carlo, fermi a quell'area di servizio sull'autostrada, voglio concludere il racconto dell'esperienza estiva a Spello.

Quando quel sabato terminò la nostra settimana all'eremo decidemmo di non tornare subito a casa ma di allungarci a Perugia, visto che distava pochi chilometri e non l'avevamo mai visitata. Una volta sul posto ci saremmo regolati poi su quanto e come trattenerci.

Salutammo gli amici che, ricchi di nuovo contenuto, prendevano strade diverse, comunque tutti quella della loro casa, e salutammo l'eremo di San Girolamo che aveva sicuramente colmato di serenità i nostri animi come nessun'altra esperienza fino ad allora.

Guardando Assisi ed il monte Subasio dal basso della superstrada mi ritornò immediato alla mente il ricordo di quella meravigliosa notte vissuta in solitudine, una solitudine speciale, inspiegabile, inconsueta: solo con Dio.

Nella nostra esistenza siamo ogni attimo con Dio, ma è nella solitudine che avvertiamo sempre marcatamente la Sua presenza.

Restavamo in silenzio, tutti e tre persi nei nostri pensieri. Pensavo cosa stesse facendo Carlo in quel momento, al Giacobbe, in attesa di una nuova ondata di gente che andava a portare nuove domande, nuove riflessioni, nuove vite. Certo che in vent'anni ne aveva conosciute di persone!

Quando giungemmo a Perugia e lasciammo la macchina per visitare il centro storico avemmo la stessa sensazione di fastidio interiore.

Il rumore della città, e che rumore poteva essere per noi abituati al caos di Napoli, ci dava un senso di nervosismo, non eravamo più in quello stato di serenità col quale avevamo lasciato Spello.

Quel passaggio dalla quiete della campagna, dalla solitudine apparente degli eremi, dalle voci quasi sussurrate, dall'armonia che si era creata in così breve tempo tra persone che non si erano mai viste prima d'allora, ad un sia pur moderato insieme di rumori, di traffico, di confusione, ci stava turbando.

Ed eravamo stati nel nostro deserto una sola settimana.

Immaginai cosa aveva potuto provare Carlo dopo dieci anni! Forse lui si era temprato in modo diverso, aveva acquisito un equilibrio tale da consentirgli di bilanciare la solitudine del deserto e la confusione della città.

Forse per poco tempo, perché pensò subito a Spello, pensò subito a ricreare tra il verde della campagna Umbra immaginarie dune di sabbia.

Sta tutto nella nostra mente e nei nostri occhi.

Se guardiamo le tondeggianti colline intorno Assisi, colme di vegetazione, di vita, di ossigeno, e piano piano abbassiamo le palpebre provando a mantenere le forme di ciò che stiamo osservando ma variando il colore, dal verde lussureggiante al giallo dorato, ecco le dune!

Noi, in quel momento, non eravamo capaci di tanto.

Passeggiammo per Perugia un paio d'ore, ma non riuscivamo a godere della visita a quella bella e medievale città.

Tornammo alla macchina e prendemmo la direzione del Trasimeno. Forse in riva al lago saremmo riusciti a riacquistare la perduta serenità.

Si era fatta sera, ci fermammo a Passignano dove un'orribile pizza contribuì ad alterare ancora maggiormente il nostro stato d'animo. È vero, le disponibilità economiche non è che consentissero altro, ma noi, napoletani, che pretendevamo? Fortunatamente Antonio, col suo sapersi umoristicamente adattare ad ogni situazione, contribuì a risollevare il morale con il suo rapido susseguirsi di parole pronunciate spesso con una tale velocità che, per capirle, bisognava prestare molta attenzione.

Antonio, un anno dopo, andò veramente nel deserto.

Era, ed è, un sottufficiale della Guardia di Finanza, lavoro che, inizialmente, non si adattava nel modo più assoluto alla sua persona. Di carattere mite, accondiscendente, buono d'animo non era per niente il tipo da avere a che fare con gente di mafia o, in genere, di malaffare. In quegli anni prestava servizio a Palermo, ed era quanto dire.

Erano anni difficili e proprio il 6 agosto, giorno del nostro rientro, veniva trucidato Ninni Cassarà, col quale il mio amico aveva, poco tempo prima, collaborato. Anche lui si trovò nel bel mezzo di una sparatoria, in quel periodo di permanenza in Sicilia e dopo questa esperienza prese la decisione di chiedere il trasferimento in un posto più tranquillo. Così andò a Rovigo, dove vive tutt'ora, ambiente più consono alle sue caratteristiche.

A Palermo aveva conosciuto una ragazza tunisina, studente alla facoltà di medicina presso l'ateneo del capoluogo Siciliano, che lo invitò a trascorrere qualche giorno a casa sua. Antonio, dallo spirito avventuroso, e forse memore dell'esperienza spellana unita alla conoscenza di Carlo, si imbarcò per Tunisi e da lì, con un paio di corriere a dir suo molto malmesse, raggiunse il villaggio in pieno Sahara, cinquecento chilometri più a sud.

Restò in quel posto cinque giorni, adattandosi forzatamente alle usanze di quel popolo. Le case, basse e bianche, non avevano acqua, che veniva attinta ad un pozzo poco distante, si mangiava seduti per terra in tondo, attingendo ad un piatto unico e bevendo, a turno, ad un solo bicchiere. Il cibo era molto piccante e per attenuare la spezia si beveva un estratto di gelsomino, almeno quella fu la sua impressione bevendolo, che veniva usato anche come deodorante. Il bagno era alla turca e la prima volta che ne ebbe bisogno si rese conto che non si usava carta igienica. Antonio, che soffriva di una forte allergia alla parietaria, precauzionalmente, e per sua fortuna, aveva sempre con sé una buona scorta di fazzoletti di carta... E pensare che la sua amica era un medico!

Che differenza tra il deserto e la città!

"Il deserto nella città è solo possibile a questo patto: vedere le cose con occhio nuovo, toccarle con uno spirito nuovo, amarle con un cuore nuovo."

Nel nostro comune vocabolario la definizione della parola "deserto" sta ad indicare principalmente un'infinita distesa di sabbia.

"La parola deserto significa ben di più di un semplice luogo geografico."

È quello che ho capito dopo tanto tempo. Bisogna maturare nell'età per entrare coscientemente in alcuni significati. E non sempre si riesce a farlo.

Quando si comprende il senso di un termine si capisce anche più di sé stessi.

Talvolta in casa mi si rinfaccia che sono troppo taciturno, chiuso, poco comunicativo.

È vero.

Ho momenti in cui mi piace solo pensare, parlare mi sembra un in più.

Mi rendo conto che gli altri non possono entrare nei miei pensieri e gradirei invece che fosse possibile condividere ciò che penso senza bisogno di esternarlo con le parole. So che non è possibile. Mi dispiace perché creo comunque malumore.

È un difetto, chi non ne ha?

"Cosa significa fare il deserto nella propria esistenza?"

Già, cosa significa?

Certamente non significa stare fuori dal mondo, chiudersi in sé ed escludersi dalla vita sociale.

Il deserto deve essere pace in quello che si fa, saper ascoltare chi parla, fare il vuoto quando intorno regna il caos, ristabilire costantemente l'equilibrio dei sensi, sapere che non si è mai soli anche se la parola deserto rappresenta ben altro.

"I russi che se ne intendono e che su questo ci sono maestri lo chiamano "pustinia".

"Pustinia" può significare deserto geografico, ma nello stesso tempo può significare luogo dove si sono ritirati i padri del deserto, può significare eremo, luogo tranquillo dove ci si ritira per trovare Dio nel silenzio e nella preghiera, dove – come dice una mistica russa che vive in America, Caterina de Hueck Doherty – "si può elevare verso Dio le braccia della preghiera e della penitenza in espiazione, in intercessione, in riparazione dei propri peccati e per quelli dei fratelli.

Il deserto è il luogo dove possiamo riprendere coraggio, dove pronunciare le parole della verità ricordandoci che Dio è verità.

Il deserto è il luogo dove ci purifichiamo e ci prepariamo ad agire come toccati dal carbone ardente che l'angelo pose sulle labbra del Profeta".

In ogni caso, e qui è la caratteristica che voglio sottolineare, "pustinia" per i russi, e per noi che siamo sulla stessa linea spirituale dell'esperienza mistica, segue l'uomo là dove si trova e non lo abbandona quando di deserto ne ha più bisogno.

Se l'uomo non può più raggiungere il deserto, il deserto può raggiungere l'uomo.

Ecco perché si dice: "fare il deserto nella città".

Fatti una piccola "pustinia" nella tua casa, nel tuo giardino, nella tua soffitta. Non staccare il concetto di deserto dai luoghi frequentati dagli uomini, prova a pensare, e soprattutto a vivere, questa espressione veramente esaltante "il deserto nel cuore della città".

Il Padre de Foucauld, che fu uno dei più vivaci ricercatori della spiritualità moderna, pose il suo eremitaggio a Beni-Abbes in un contesto tale da rendersi con facilità presente a Dio e presente agli uomini nello stesso momento.

E quando volle costruirvi attorno un alto muro, giunto a mezzo metro lo interruppe per facilitare agli abitanti dell'oasi di oltrepassarlo per venirlo a trovare.

Il muro rimase... come "segno" del suo monastico isolamento.

Il deserto occupò più profondamente la sua vita.

Sì, dobbiamo fare il deserto nel cuore dei luoghi abitati.

È un modo concreto per aiutare l'uomo di oggi."

Ecco, nel deserto non si è mai soli.

"Il deserto nella città" ... continuavo a ripetere tra me guardando fuori dalla finestra e spingendomi lontano, lontano fino all'origine di quella parola" deserto" che era stata depositata nel mio cuore nel più bel momento della mia vita.

Ripensai in quel momento alle notti sahariane, alle dune, alle interminabili piste che avevo percorso, alla ricerca dell'intimità con Dio, alle stelle indimenticabili che trapuntavano con tanta discrezione la dolcezza delle notti africane, simbolo profondo delle notti in cui la mia fede era immersa e in cui mi sentivo così bene e così al sicuro.

Il deserto vero, quello di sabbia e di stelle, era stato il mio primo amore e non mi sarei più staccato da esso se non fosse stata l'obbedienza a richiamarmi lontano.

"Fratel Carlo, hai conosciuto l'assoluto di Dio, ora devi conoscere l'assoluto dell'uomo".

Ed ero ripartito alla ricerca degli uomini.

Ero frastornato e dovetti impiegare un po' di tempo per ritrovare il mio equilibrio e la mia gioia profonda.

Ma poi Dio mi fece sperimentare che non c'era "luogo" privilegiato dove Lui abitava ma che il Tutto era "luogo" della Sua abitazione e che ovunque tu lo potevi trovare.

"Fare il deserto nella propria vita" mi dicevo, allontanandomi a piccoli passi dalla stabilità di quella solitudine e camminando verso un mondo totalmente diverso."

Pochi di noi hanno la capacità di trovare un simile equilibrio. Io e i miei amici non l'avevamo ancora trovato, quel lontano sabato d'agosto.

Andammo verso Castiglione del Lago e lì, dopo un breve giro in macchina attraverso la cittadina, trovammo uno spiazzo, accanto alla grande distesa d'acqua del Trasimeno, dove trascorrere, dormendo in macchina, la notte.

Ci sistemammo io e Antonio sui sedili anteriori opportunamente reclinati, mentre Peppe, che aveva sempre il peso dell'ingessatura al piede, si stese nel cofano, dopo aver abbassato lo schienale del sedile posteriore. Per chi non la ricordasse, la Talbot 1510 era una station wagon e anche abbastanza lunga.

Tra il caldo, le zanzare e l'insofferenza caratteriale di Peppe, non si riusciva a dormire. Mettendomi sul fianco sinistro guardavo dal finestrino lasciato aperto le stelle. Anche lì il buio ci avvolgeva: avevo messo la macchina in modo da non avere addosso le luci della città, rivolta verso il lago.

Ero inquieto. Ora volevo tornare a casa. Avevo tanto da raccontare a chi non era stato con me, familiari, amici, amici preti.

Forse era anche questa smania che contribuiva a renderci nervosi.

Invece il vero motivo era che di quella meravigliosa esperienza non avevamo capito ancora niente.

La metabolizzazione sarebbe durata tanto tempo, occorrevano ancora molte pagine della storia personale per comprendere a fondo, e comunque mai completamente, il senso della nostra vita, la proiezione nell'eternità della nostra esistenza.

Eternità che vale, paradossalmente, per chi crede e per chi non crede.

In due modi completamente opposti, ma sempre di eternità si tratta.

L'ho capito, ritengo sempre parzialmente, molti anni dopo, rileggendo i libri di Carlo e temprandomi nell'esperienza pratica della vita.

E sorprendentemente, leggendo "Il deserto nella città", ho trovato con lui un'affinità che ignoravo.

Io ho una grande passione per i treni, fin da piccolo l'ho avuta, forse dettata dal fatto che mio padre non aveva un'automobile e quando si usciva si usava sempre il treno, meno frequentemente l'autobus. Cominciai ad imparare le sigle dei locomotori e delle automotrici, sognai per anni di poter fare il macchinista. Un difetto d'udito, non sento da sinistra, me lo impedì ma il Signore mi ha fatto conoscere amici ferrovieri che un treno me l'hanno fatto guidare e, almeno in parte, questo mio desiderio è stato esaudito.

Basta sapersi accontentare.

Così, viaggiando in treno, riuscivo sempre anche ad estraniarmi dalla confusione, pure se la carrozza in cui mi trovavo era affollata, guardando fuori dal finestrino o, quando si poteva fare nelle vecchie carrozze, affacciandomi e respirando a fondo quell'aria che sapeva di ferro, osservando il panorama che correva via veloce, perdendomi nei miei pensieri.

Mi piace ancora un sacco viaggiare in treno, anche se oggi non ci si può più affacciare dal finestrino.

"(...) Quando mi sono convertito avevo fatto del treno il "luogo" della mia preghiera.

Facevo il "pendolare" per motivi di lavoro e tu sai cos' è un vagone ferroviario che parte e arriva in città al mattino e alla sera, stracarico di operai e studenti. Chiasso, risate, fumo, trambusto, pigiapigia.

Io mi sedevo in un angolo e non sentivo nulla. Leggevo il Vangelo.

Chiudevo gli occhi.

Parlavo e ascoltavo Dio. Che dolcezza, che pace, che silenzio!

La potenza dell'amore superava la dispersione che cercava di penetrare nella mia fortezza.

Ero veramente uno con me stesso e nulla mi poteva distrarre.

Sotto la presa dell'amore ero in pace.

Sì, doveva essere proprio l'amore a creare l'unità in me.

Difatti gli innamorati che si trovavano sul treno bisbigliavano tra di loro in perfetta armonia senza preoccuparsi di ciò che capitava attorno.

Io bisbigliavo col mio Dio che avevo ritrovato.

"Pustinia".

Fare il deserto nei luoghi abitati.

Fare di un vagone ferroviario un luogo di meditazione e delle strade della mia città i corridoi del mio ideale convento."

Così, col metodo del deserto ovunque, si può trovare in qualsiasi posto il luogo ideale dove entrare in sé stessi e, pur rimanendo nella confusione del mondo, isolarsi per meditare in pace.

Anche nel treno affollato che ci sta portando al lavoro, all'università o a scuola.

"Ti dirò subito un'altra cosa che è molto importante per chi, come te, è molto occupato e dice che non ha tempo per pregare.

Considera la realtà in cui vivi, l'impegno, il lavoro, le relazioni, le adunanze, le camminate, le spese da fare, il giornale da leggere, i figli da ascoltare, come un tutt'uno da cui non puoi staccarti, a cui devi pensare.

Dirò di più: un tutt'uno attraverso il quale Dio ti parla e ti conduce.

Non è fuggendo che tu troverai Dio più facilmente ma è cambiando il tuo cuore che tu vedrai le cose diversamente.

Il deserto nella città è solo possibile a questo patto: vedere le cose con occhio nuovo, toccarle con uno spirito nuovo, amarle con un cuore nuovo."

E' una scusa quella che troviamo spesso dicendo: "se solo avessi il tempo per andare in chiesa, la mia vita di cristiano sarebbe sicuramente migliore..."

Non è necessaria la chiesa, è una conseguenza: nel frattempo che cerchi di collocarla in un tuo spazio hai a disposizione il mondo per essere cristiano. E se il mondo ti fa cristiano troverai sempre più tempo da dedicare alla chiesa.

"Con un po' di fantasia anche una soffitta può diventare la nostra "pustinia" il nostro deserto dove raccogliersi e gustare il silenzio e la preghiera. Fare l'unità in noi stessi, dare un po' di spazio alla nostra vita interiore resta un fatto importante per l'equilibrio della nostra esistenza."

È inutile cercare di nascondere una realtà che è semplicemente quella del "non mi fa comodo", "mi annoio", "ma che me ne importa, basta che penso a Dio almeno una volta al giorno e sto a posto..."

Dio non pensa a te una volta al giorno, è con te sempre ed è sempre nei tuoi pensieri, solo che tu lo cacci via perché ti dà fastidio, perché pone dei veti che non ti piacciono, e allora cerchi di sfuggire, di evitare il controllo.

Ma Dio non ti controlla, ti ama.

"È allora che non occorre più fuggire, alienarsi, chiudersi tra sogno e realtà, spaccarsi tra ciò che penso e ciò che faccio, andare a pregare e poi distruggersi nell'azione, fare i pendolari tra Marta e Maria, restare

perennemente nel caos, avere il cuore diviso, non sapere dove sbattere la testa. Sì, la realtà ci educa e come!

La realtà è il vero veicolo sul quale Dio cammina verso di me.

Nel reale trovo Dio molto più vitalmente che nei bei pensieri che di Lui o su di Lui mi posso fare.

Specie se è una realtà dolorosa dove la volontà è messa a dura prova e dove riscopro con più evidenza la mia povertà."

Quella notte in macchina sembrava non finisse mai.

In quel continuo dormiveglia guardavo di continuo l'orologio nel cruscotto dell'auto e mi rendevo conto ogni volta di aver chiuso gli occhi per pochi minuti.

I miei amici, al contrario, sembrava dormissero profondamente.

Alle prime luci dell'alba li svegliai, rimettemmo l'auto in assetto da viaggio ed imboccammo la via del ritorno.

Fuori San Girolamo, divagando…

Il viaggio riprende...

La sosta con Carlo all'area di servizio durò circa un quarto d'ora, poi risalimmo nella vecchia Peugeot e riprendemmo il nostro viaggio verso Salerno.

Nessuno parlava, forse perché avendo visto Carlo con gli occhi chiusi avemmo tutti l'impressione volesse riposare. Non era così. Tenendo sempre gli occhi chiusi, disse:

- Che bello il silenzio! Charles De Foucauld celebrava la Messa prima del giorno per non essere disturbato dal rumore e per fare il ringraziamento stando tranquillo. Ma nonostante era nel deserto anche di buon'ora c'era sempre qualche povero che lo chiamava. E lui rispondeva. Bisogna sempre rispondere ai poveri.

Poi, aprendo gli occhi, aggiunse:

- Voi rispondete ai poveri?

Colti di sorpresa rispondemmo non senza imbarazzo.

- Beh, si, certo....
- Non preoccupatevi di dare denaro. Capita di non averne. Date la vostra tenerezza, il vostro tempo, la vostra pena. Queste cose le avete sempre. Non abbiate paura se sono sporchi, sudici, con le pulci: loro sono vostri fratelli e dovete amarli anche più degli altri.

Ripensandoci ora, a trent'anni di distanza dall'aver ascoltato quelle parole, mi rendo conto che sono rimaste indelebilmente scolpite nella mia mente e che se anche non avessi preso appunti il giorno dopo, difficilmente le avrei dimenticate.

Forse ho dimenticato il colore della Peugeot, se non sbaglio era di un rosso tendente al granata, ma non ne sono certo.

Quello di cui sono certo è che a scrivere oggi di Carlo è segno che quel viaggio, quelle ore trascorse in sua compagnia, quei giorni dell'estate dopo, qualcosa hanno prodotto in me.

Ed ora, quando incontro qualche sacerdote, qualche religioso o qualche assiduo praticante che di fronte al denaro, al potere, alle proprietà, ai beni in genere, dimostrano un certo attaccamento, penso sempre: "Ah, se avessero avuto a che fare con Carlo…!"

Ma evidentemente, oltre che con Carlo, non hanno mai avuto a che fare nemmeno con Gesù…

C'è un pensiero di Charles De Foucauld a proposito della parte clericale dell'umanità, anche se riferito alla sua permanenza in Algeria tra le tribù del deserto agli inizi del novecento, che vale la pena riportare:

"Ci vorrebbero molti buoni preti, non per predicare, ma per prendere contatto, farsi amare, ispirare stima, fiducia, amicizia, rendere possibile un avvicinamento, dissodare la terra prima di seminare."

Parole che non hanno bisogno né di collocazione geografica né temporale.

In quel viaggio Carlo diede sia a me che ai miei compagni la chiara impressione di essere un rivoluzionario, partendo dal modo di pregare fino ad arrivare a quello di intendere la Chiesa. Infatti con loro ne parlammo tempo dopo.

Ma era un rivoluzionario con cognizione di causa, tante cose non gli andavano giù perché erano palesemente contraddittorie del Vangelo.

Spesso ho l'impressione di riascoltarlo nei discorsi del nostro attuale Papa, Francesco.

La sua contestazione l'ho compresa leggendo il proposito del libro "Al di là delle cose" e che riporto in parte perché anche voi che leggete me, indegno testimone, possiate capirne il senso:

"Mi sono chiesto se in tempi di contestazione come i nostri, potevo anch'io contestare qualcosa o qualcuno.

Io non ce l'ho con la contestazione, anzi... mi piace un po' di vita, un po' di movimento. Mi piace vedere un giovane salire su un tavolo e improvvisare un discorso violento contro qualcosa che non va e che, secondo lui, dovrebbe andare meglio.

Che c'è da rimproverargli?

Non siamo tutti d'accordo che le cose non vanno come dovrebbero andare?

Qualcuno della vecchia generazione votato all'ordine costituito e al risparmio è preoccupato che con le parole volino anche i vetri e gli armadi; mi dicono addirittura

che in un paese d'Estremo Oriente gli studenti hanno quasi cancellato dalla strada la loro vecchia università tanto era grande la rabbia e la forza della contestazione.

Ma a me, oramai vicino alla morte e abituato al frasario dell'Apocalisse, non fa impressione la spesa di un edificio paragonata alla spesa della grande rovina della fine dei tempi.

Del resto, vivendo ho capito una cosa, che chi contesta ama e chi contesta molto ama molto.

Piuttosto non riesco ad afferrare una faccenda: perché i contestati non scendono anche loro in piazza in mezzo al baccano a gridare con tutte le loro forze: «Avete ragione, fratelli, le cose vanno male per colpa nostra, avete ragione di rimproverarci: abbiamo usato male il nostro potere, abbiamo approfittato della vostra fiducia. Perdonateci e aiutateci a cambiare».

E soprattutto non capisco perché quando si contesta contro la Chiesa e si adoperano parole santissime come «vivere il Vangelo, dobbiamo essere poveri, torniamo alle origini» ci siano delle persone serie che si preoccupano, degli ecclesiastici che si scandalizzano ecc. ecc.

Io scenderei in piazza vestito di sacco e coperto di cenere, dicendo a chiare parole: «Avete ragione figlioli miei, abbiamo dimenticato Gesù, ci siamo allontanati dal suo insegnamento. Dobbiamo cambiare, dobbiamo convertirci, dobbiamo davvero costruire una Chiesa che sia la Chiesa dei poveri, la Chiesa dei carismi, la Chiesa dello spirito, la Chiesa...».

Quanto sarebbe bella una contestazione così universale, una contestazione globale dove padri e figli si abbraccino gridando: «Siamo tutti mascalzoni», dove popolo e gerarchia si stringano in un solo grido, una sola preghiera corale: peccarono i nostri padri, peccammo noi: siamo tutti peccatori.

In fondo ci saremmo messi d'accordo almeno su una cosa che è basilare nella vita dell'uomo sulla terra e che di tanto in tanto è bene ricordare: non siamo buoni, non siamo perfetti. La Chiesa è una Chiesa di peccatori, ognuno di noi marcia verso la perfezione ma...

E qui potremmo farci una domanda: In fondo in fondo, perché la nostra generazione ci mette tanto gusto, tanto impegno a dire che le cose vanno male? Perché le generazioni precedenti con tanto gusto e con tanto impegno si sono sforzate a dire che tutto andava bene, specie nella Chiesa.

Io ricordo quand'ero studente e aprivo i primi libri di storia. Ci voleva poco a vedere che qualche marachella l'aveva commessa qualche persona seria, qualche ecclesiastico ad esempio, e perfino qualche papa.

Preso dal dubbio andavo a casa ed esponevo le mie perplessità. Come risposta ricevevo uno schiaffone da mia madre che, abituata al gergo e al costume parrocchiale, mi diceva: «Non si parla male del parroco».

Se poi andavo dal parroco a dirgli che in coscienza non capivo come mai Pio IX non avesse afferrato certe cose a tempo ecc. ecc., apriti cielo... Mi sentivo fare la predica sulla Chiesa santa e immacolata, senza ruga e senza macchia e io me ne tornavo a scuola con quella mentalità beghina che tanto scandalo ha dato alle persone intelligenti e libere dei nostri tempi.

Fratelli miei, ora ci vuole pazienza, molta pazienza e dobbiamo accettare la maretta che agiterà la barca di Pietro.

Ma senza paura!

E oltre a capire che siamo tutti peccatori, che è una cosa importante per mantenerci nell'umiltà, capiremo un'altra cosa. Che la Chiesa non è nelle mani degli uomini – papi compresi – ma solo nelle mani di Dio. E che solo Lui – non la nostra prosopopea di uomini che ci crediamo a posto e al sicuro solo perché siamo sulla barca – ha il potere di far tacere il vento e placare le onde."

Contestazione che ritroviamo nella sua "Lettera a Pietro", scritta nel 1986 a Giovanni paolo II, quando contrasti interni alla Presidenza Nazionale di Azione Cattolica spingono il Papa a richiamare l'associazione ad un impegno più visibile nel mondo, in cui difende appassionatamente la scelta religiosa perseguita dall'ACl del nuovo Statuto e il suo Presidente Alberto Monticone.

«Quanto sei contestabile, Chiesa, eppure quanto ti amo!

Quanto mi hai fatto soffrire, eppure quanto a te devo!

Vorrei vederti distrutta, eppure ho bisogno della tua presenza.

Mi hai dato tanti scandali, eppure mi hai fatto capire la santità!

Nulla ho visto nel mondo di più oscurantista, più compromesso, più falso, e nulla ho toccato di più puro, di più generoso, di più bello. Quante volte ho avuto la voglia di sbatterti in faccia la porta della mia anima e quante volte ho pregato di poter morire tra le tue braccia sicure.

No, non posso liberarmi di te, perché sono te, pur non essendo completamente te.

E poi, dove andrei? A costruirne un'altra? Ma non potrò costruirla se non con gli stessi difetti, perché sono i miei che porto dentro.

E se la costruirò sarà la Mia Chiesa, non più quella di Cristo.

L'altro ieri un amico ha scritto una lettera ad un giornale: "Lascio la Chiesa perché, con la sua compromissione con i ricchi non è più credibile". Mi fa pena! O è un sentimentale che non ha esperienza e lo scuso; o è un orgoglioso che crede di essere migliore degli altri.

Nessuno di noi è credibile finché è su questa terra. San Francesco urlava: "Tu mi credi santo, e non sai che posso ancora avere dei figli con una prostituta, se Cristo non mi sostiene".

La credibilità non è degli uomini, è solo di Dio e del Cristo. Degli uomini è la debolezza e semmai la buona volontà di fare qualcosa di buono con l'aiuto della grazia che sgorga dalle vene invisibili della Chiesa visibile.

Forse la Chiesa di ieri era migliore di quella di oggi? Forse che la Chiesa di Gerusalemme era più credibile di quella di Roma?»

(…) «Quando ero giovane non capivo perché Gesù, nonostante il rinnegamento di Pietro, lo volle capo, suo successore, primo papa. Ora non mi stupisco più e comprendo sempre meglio che avere fondato la Chiesa sulla tomba di un traditore, di un uomo che si spaventa per le chiacchiere di una serva, era un avvertimento continuo per mantenere ognuno di noi nella umiltà e nella coscienza della propria fragilità. No, non vado fuori di questa Chiesa fondata su una pietra così debole, perché ne fonderei un'altra su una pietra ancora più debole che sono io.»

(…) «Ma poi c'è ancora un'altra cosa che è forse più bella. Lo Spirito Santo, che è l'Amore, è capace di vederci santi, immacolati, belli, anche se vestiti da mascalzoni e adulteri. Il perdono di Dio, quando ci tocca, fa diventare trasparente Zaccheo il pubblicano e immacolata la Maddalena la peccatrice. È come se il male non avesse potuto toccare la profondità metafisica dell'uomo. È come se l'Amore avesse impedito di lasciare imputridire l'anima lontana dall'Amore.

"Io ho buttato i tuoi peccati dietro le mie spalle", dice Dio a ciascuno di noi, e continua: "Ti ho amato di amore eterno, per questo ti ho riservato la

mia bontà. Ti edificherò di nuovo e tu sarai riedificata, vergine Israele" (Ger 31,3-4).

Ecco, ci chiama "vergini" anche quando siamo di ritorno dall'ennesima prostituzione nel corpo e nello spirito e nel cuore. In questo, Dio è veramente Dio, cioè l'unico capace di fare le "cose nuove". Perché non m'importa che Lui faccia i cieli e la terra nuovi, e più necessario che faccia "nuovi" i nostri cuori. E questo è il lavoro di Cristo. E questo è il lavoro divino della Chiesa.

Volete voi impedire questo "far nuovi i cuori", scacciando qualcuno dall'assemblea del popolo di Dio?

O volete voi, cercando altro luogo più sicuro, mettervi in pericolo di perdervi lo Spirito?»

Contestazione che non manca quando prende posizione a favore del divorzio o invita la Chiesa a riconsiderare il celibato dei preti. Riguardo il divorzio, sul quotidiano La Stampa, dichiara:

"Io voto no perché voglio essere dalla parte dei peccatori. Preferisco diventare anatema piuttosto che giudicare mio fratello.

(...) Voto no perché spero che dopo una buona lezione ricevuta sarà l'ultima volta che noi cattolici oseremo presentarci in pubblico come difensori di un passato compromesso e senza l'afflato della profezia e dell'amore per l'uomo."

Mentre la sua posizione è indiscutibile per ciò che concerne l'aborto, ritenuto un omicidio in quanto la vita dell'uomo inizia fin dal suo concepimento.

La vita è eterna, una volta che ha avuto inizio non avrà più fine. La morte è solo un momento, un istante che proietta in quella che è la vera dimensione del creato.

In quel viaggio verso Salerno avemmo modo di parlarne e ci raccontò un episodio che poi descrisse nel libro "Un cammino senza fine", pubblicato l'anno successivo.

Un giorno una donna salì all'eremo Giacobbe e chiese di parlare con lui. Aveva avuto un aborto spontaneo dopo aver tanto atteso una gravidanza e non riusciva a rassegnarsi a quella perdita comunque non dipendente dalla sua volontà. Dopo aver pregato insieme, Carlo le chiese che nome avesse dato a quella creatura non nata. La donna rimase interdetta e gli disse che non aveva dato nessun nome. "Hai fatto male", disse Carlo, "perché quella creatura esiste. Ed esisterà per sempre. Come i miliardi di creature non nate. Tu non hai colpa, ma hai un figlio che c'è e ci sarà per sempre come tutti noi." La donna replicò che questo figlio non aveva avuto il battesimo e le era stato detto che ora si trovava nel Limbo. Allora Carlo le replicò di non dare ascolto a persone che non hanno capito la grandezza dell'amore di Dio verso i suoi figli. Quel figlio non nato era nella sua gloria, non era possibile che una sua creatura potesse essere abbandonata in un posto senza senso. E così diedero un nome a quella creatura e le impartirono il battesimo spirituale.

E ci raccontò anche di quando una notte, insieme ad un suo amico infermiere, restarono a lungo in una chiesa a pregare. Questa si trovava nei pressi di un ospedale e quando uscirono il suo vecchio amico lo condusse nei pressi di alcuni bidoni di immondizia e gli mostrò qualcosa che rimase impressa nella sua mente. Sollevando il coperchio di uno dei bidoni ed aiutandosi con un bastoncino, l'infermiere smosse delle garze insanguinate fino a tirare fuori quello che era chiaramente un corpicino nella sua posizione fetale. Lo osservarono a lungo cercando di scorgere un movimento, un battito, ma nulla. Carlo rimase profondamente turbato ed insieme all'amico andò a sedersi su una panchina che era nei pressi.

Una creatura gettata nell'immondizia.

E mentre era seduto sulla panchina si accorse di un soprannaturale accadimento.

"(...) Sul mio ginocchio accavallato sull'altra gamba c'era un angioletto e quell'angioletto era proprio quello che avevo visto nella pattumiera dell'ospedale.

Ci mettemmo a chiacchierare come vecchi amici e la cosa che mi colpì subito fu la sua gioia. Una gioia piena, cosciente, matura, incontenibile.

Io continuavo a dirlo che è stato una brutta cosa ciò che gli avevano fatto, ma lui si mise a ridere come se ciò che gli era accaduto fosse una piccola cosa.

La cosa importante era un'altra.

"Si, mi rincresce per mia madre. È lei che soffre.

Mio padre è un grande distratto e soffrirà a suo tempo quando si sentirà solo solo.

Ero scomodo per i due. Mi hanno fatto fuori. Resta in loro il merito di avermi dato la vita e non è piccola cosa.

Tu sai che Agostino dice che il bene della vita è così grande da essere preferibile l'inferno piuttosto che la non vita.

Forse esagera un po' ma vuole aiutarci a spiegare le cose come sono e dare importanza alla vita.

Certo che è una cosa importante la vita perché è eterna e ci conduce alla visione dell'Assoluto di Dio.

Io mi sento di dire grazie a mio padre, a mia madre, nonostante ciò che hanno fatto.

Non mi sento di giudicarli.

In fondo, anche se non ero desiderato sono riuscito a fargliela.

Sono vivo e tu sai: per sempre. Non è una piccola cosa.

Mio padre, quanto so, è un poveretto, un po' irresponsabile. Va scusato considerando tutto ciò che vede ogni giorno alla televisione.

Mia madre?! Mi fa tenerezza mia madre, ma un giorno quando ci rivedremo nel Regno, ci intenderemo. Allora avrà capito, specie se avrà pianto un po'.

Però intanto io sono vivo. Sono vivo! Sono vivo! Sono vivo! Gliel'ho fatta: sono vivo!

Pensa che sarò ancora vivo tra miliardi di secoli. Che cosa bella sarà contemplare il volto del vero Padre: Dio!"

Anch'io ho un fratello non nato.

Lo so, anche se i miei genitori non l'hanno mai detto.

In famiglia siamo tre su questa terra, io sono il primogenito, poi c'è una mia sorella che se n'è andata dall'altra parte quando aveva due anni e mezzo a causa di una meningite, un'altra mia sorella, mio fratello e quest'altro mio fratello non nato.

Era da poco nato l'ultimo figlio quando mia madre fu ricoverata, mi dissero, per un piccolo intervento urgente. Io avevo tredici anni, ma non erano i tredici anni dei ragazzi di oggi, no, a quell'epoca c'era un'ingenuità pari a quella che attualmente possiedono i bambini di cinque anni, e non capivo tante cose. Avevo addirittura da poco appreso la tecnica umana della riproduzione da amici più scaltri, a scuola. Il giorno successivo al rientro a casa di mia madre, che era stata in ospedale tre giorni e due notti, non volendo, ascoltai un discorso che faceva con la nostra vicina di casa. Parlavano di un maschietto, di un peccato, e della necessità a farlo perché già con l'ultima gravidanza aveva rischiato la vita e non avrebbe potuto portarne avanti un'altra. Era vero, perché col parto di mio fratello erano state necessarie trasfusioni di sangue a causa di una emorragia dovuta ad alcune complicazioni ed era rimasta ricoverata oltre venti giorni. Povera mamma, quanto ha sofferto su questa terra! Dio ne avrà sicuramente tenuto conto.

Un altro mio fratello è già di là.

Anche lui non ha un nome. Come tutti i non nati.

Lo decido adesso.

Lo chiamo Carlo.

Ora siamo in cinque ad avere un nome.

Ed in cinque ci ritroveremo in quel posto chiamato eternità.

L'eternità è l'annullamento del tempo.

Se non esiste tempo non esiste né passato né futuro.

Dunque l'eternità è un continuo presente, un compiersi di tutto, un ricongiungimento istantaneo e costante di tutta l'umanità. La morte ci unirà a Dio, ma ci unirà anche a tutti gli altri esseri. Come mio padre è già con me, quando morirò sarò anch'io insieme ai miei figli e ai figli dei miei figli.

Perché se non c'è più il tempo non c'è più ieri o domani, giorno o notte, e non ci saranno più nemmeno pene e affanni.

Tutto sarà compiuto.

Proprio mentre scrivo squilla il telefono. E' il mio amico Antonio, unico all'epoca della settimana a Spello a possedere una macchina fotografica. Ci siamo visti pochi giorni fa. Lui, lavorando ancora in quella caserma di Rovigo, ben distante da me, era venuto a far visita alla madre, ormai molto anziana e sofferente. Gli avevo chiesto se conservava ancora le foto di quella settimana a Spello, se poteva cercarle. Mi da, con la telefonata, una notizia splendida, il più bel regalo di compleanno che potessi ricevere, già, oggi è il 15 dicembre e compio 52 anni: ne ha trovate una quarantina!

Ora, lodando la tecnologia e Dio che ce l'ha donata con buoni propositi, le scannerizzerà e me le invierà a mezzo posta elettronica.

Resto in trepidante attesa.

E poi dicono il caso…

Grazie, Carlo…

Salerno si avvicinava e con lei la fine di quel viaggio. Sembra strano ma è come se lo avessi fatto qualche giorno fa. L'ho ripetuto tante volte col pensiero, tanto da riviverlo continuamente.

Ripetuto come la preghiera che ci insegnò Carlo.

Ripetere, ripetere, ripetere…

Le vicende familiari degli ultimi anni non mi hanno dato grosse opportunità per potermi muovere, mi piacerebbe incontrare Giuseppe Florio, Pierangelo, Tommaso, mi piacerebbe andare a Spello, salire a piedi all'eremo di San Girolamo, entrare nel chiostro e salutare Carlo, sepolto lì, sapendo di averlo accanto.

Un'altra notte sul Subasio.

Chissà se riuscirò a farlo.

Quando arrivammo al quartiere Pastena, a casa dei miei amici, e parcheggiammo l'auto nello spiazzo antistante il palazzo, Ivana scese a citofonare. Quella sera Carlo incontrava la comunità della parrocchia del Volto Santo.

Erano quasi le due di dopopranzo, pranzo che consumammo insieme in quella casa, sempre ospitale ed accogliente nei confronti di tutti.

In seguito avrei conosciuto anche David Maria Turoldo ed Antonino Zichichi.

Le mie cinque ore con Carlo erano terminate, ma ne erano iniziate altre diverse, che avrebbero modificato il corso delle cose, almeno per ciò che riguardava il lato spirituale della mia esistenza.

Quando ci salutammo, nel pomeriggio, Carlo mi strinse forte la mano con entrambe le sue e, guardandomi negli occhi, disse:

- Conserva sempre la tua fede e falla crescere!

Il giorno dopo avrebbe continuato il suo viaggio, andando ad incontrare un'altra comunità in Calabria. Da lì sarebbero venuti a prenderlo il mattino seguente.

Tornai a casa e presi subito l'agendina e la mia vecchia macchina Olivetti (il pc è cosa molto più recente...). Dopo aver riletto le cose salienti riportate sull'agenda, cominciai a stendere un rapporto più dettagliato sui fogli bianchi. La passione per la scrittura faceva allora parte della mia vita già da un paio d'anni, ed è continuata nel tempo, sperando possa essere, prima o poi, di utilità a qualcuno.

Tra le cose che scrissi nei giorni seguenti voglio riportare un articolo apparso sul giornale bresciano "La Voce", datato 10 giugno 1983, che dà l'idea di come avvenissero questi incontri in ambito parrocchiale e quanta affluenza di persone avessero.

L'articolo ha per titolo: "Carlo Carretto e il silenzio che porta al dialogo con Dio".

"Carlo Carretto è un uomo di Dio che più di una volta non ha mancato di stupire per certe sue prese di posizione in ordine ai più svariati argomenti.

È un uomo che nel corso degli anni - e questo gli va riconosciuto a suo grande merito - è andato costantemente alla ricerca dei valori più profondi dell'esistere, senza mai stancarsi, magari cavalcando anche correnti poi abbandonate.

Per questi motivi, per questo suo affannarsi, lucido e confuso, lungo la strada che porta al Signore, la Cooperativa Cattolico-Democratica di Cultura di Brescia, concludendo la sua attività 1982-83, lo ha invitato per un duplice incontro tenutosi, nel pomeriggio, nella libreria di corso Magenta e, la sera, nella parrocchiale di Santa Maria della Vittoria.

Oltre mille bresciani hanno così potuto ascoltare una meditazione che partiva dal cuore e che è apparsa convincente e ricca di spunti; ne è una riprova una vendita straordinaria, al termine, dei suoi libri e in particolare dell'ultimo "Ho cercato ed ho trovato", edito dalla Cittadella e dalla Queriniana.

"Prima di partire per il Sahara - ha esordito Carretto (chi non ricorda le sue famosissime "Lettere dal deserto?) - nella ricerca di Dio percorrevo il cammino della mia esperienza. ln Lui credevo fermamente per mille motivi; dopo il Sahara, invece, avrei detto: sì credo in Dio perché lo conosco".

È stata quella, per Carretto, un'esperienza decisiva per toccare con mano la presenza di Dio, per vederlo non più lontano e nell'azzurro dell'infinito.

"Più tardi - ha proseguito il fondatore del Centro di preghiera e documentazione di Spello - Dio mi è parso trovarlo nel fratello sulla strada; una linea questa - ha aggiunto - che se non altro può ugualmente fare del bene".

Ma una volta tornato a casa, Carretto ha confessato di averlo trovato lì, nella sua stessa dimora, "radice della mia radice". "Dio l'ho scoperto nel rapporto, nella comunicazione, nella Trinità. Nel deserto - ha continuato con una bella immagine - mi rotolavo di gioia quando sentivo Dio che parlava con me".

D'altra parte, che sarebbe il nostro grido senza la Sua risposta? Ad ognuno di noi è permessa questa pregnante esperienza: la matrice dell'essere cristiani, infatti, è che tutti noi siamo sacerdoti."

Ma come ascoltare il Signore se siamo abituati -gli è stato domandato – a vivere con la ragione, più con la mente che con il cuore? La risposta è stata delle più semplici: "Fatevi un angoletto nella vostra casa – ha concluso - leggetela Bibbia e fate attorno

alle vostre mura tanto silenzio".

Ed ovunque andasse le sale, le chiese, erano sempre piene di gente.

Fino a quando ce l'ha fatta, fin quando la malattia nei suoi ultimi anni di vita glielo consentì.

Quando scrisse l'ultimo libro, "E Dio vide che era cosa buona", sapeva di essere prossimo alla morte ma fino alla fine volle portare la sua testimonianza di laico nella Chiesa, il tema che predilesse, insieme a quello della preghiera, per tutta la sua esistenza da consacrato. Vale la pena leggere il suo "Inno all'ospitalità", ispiratogli dall'accoglienza avuta da una famiglia amica, i Morra, come aveva già ricordato fratel Tommaso, nel periodo peggiore della malattia.

"*Passare in un giorno di gran caldo in terra arida e assolata e scorgere sul cammino una quercia con sotto la tenda di Abramo e sentirsi dire* "O Signore mio, non passare ti prego senza fermarti" (Gn 18,3) *per poi essere ospitato con signorilità dal grande patriarca, è cosa che fa piacere.*

Giungere in tempo di siccità e carestia a Zarepta e incontrare una povera vedova che in nome di Dio ti fa cuocere una focaccia con l'ultima farina e il poco olio rimastole e poi ti ospita in casa sua per salvarti dalla morte, come capitò ad Elia (1Re 17) è cosa veramente buona.

Percorrere mezzo mondo per annunciare il Vangelo come toccò a Paolo e arrivare stanchi morti a Filippi e sentirsi dire da Lidia, commerciante di porpora a Tiatira, "Se giudicate ch'io sia fedele al Signore, venite ad abitare a casa mia" (At 16,14) *è senza dubbio cosa molto buona.*

Oh divina ospitalità!

Oh capacità del cuore dell'uomo di aprirsi al fratello che passa sulla tua via!

Oh ubbidienza alla parola di Gesù che disse: "Se uno ti costringerà a fare un miglio, tu fanne con lui due" (Mt 5,41).

Oh coraggio inesausto dell'amore che vince l'egoismo del proprio isolamento e ti invita a tener la porta aperta al bisogno dell'uomo tuo fratello!

Oh dolcezza di chi sa ascoltare in silenzio!

Oh eroismo di chi accoglie la vita nel bimbo che nasce!

Oh sublime fecondità dell'amicizia!

Ognuno di noi ha qualcosa da raccontare in proposito.

Ai nostri tempi si giudica l'uomo più dalla capacità di amare e di dare ospitalità ad un povero, che di essere irreprensibile nel culto o nelle pratiche di pietà.

Come per Abramo, per Elia e per Paolo anch'io posso dire qualcosa sull'ospitalità.

Ho dedicato, grazie alla bontà misericordiosa del nostro Dio, quasi tutta la vita ad annunciare il Vangelo.

Ho visto cose mirabili in tutti i continenti dove ho avuto la gioia di andare per incontrare fratelli nella fede.

E ne vedo sempre di più.

E soprattutto vedo una cosa nuova che mi rallegra: la casa dei cristiani sta diventando sempre più una piccola chiesa.

Quando, ragazzo, entrai nella chiesa conobbi una realtà concentrata soprattutto sul "prete".

Io conobbi ancora un laicato immaturo, inerte, definito in malo modo vulgus indoctus, gregge di pecore e un clero sulle cui spalle gravava tutto il peso dell'apostolato.

Poi venne un tempo nuovo.

A cominciare dal pontificato di Pio XI e venendo su a Pio XII, a Paolo VI, Giovanni XXIII, si fece strada un grande processo di maturazione della chiesa.

I laici presero coscienza di essere chiesa e capirono che la loro fede non li spingeva solo ad atti di culto, ma li impegnava a realizzare nel mondo il messaggio evangelico.

Tutto diventava materia religiosa: la casa, la politica, i rapporti sociali, la professione, la vita, l'amore.

Il concilio Vaticano II, che fu l'avvenimento religioso più straordinario di tutti i secoli del cristianesimo, fece transitare la chiesa dalla sua infanzia alla maturità, obbligando tutti alla visione della chiesa popolo di Dio e non più piramide clericale.

La conquista fu di enorme importanza e fu veramente la base teologica della nuova visione chiesa-mondo.

Anche se non si è ancora giunti alla pienezza di ciò che può scatenare la nuova visione data dal concilio, siamo giunti molto avanti.

La vita, l'azione di una comunità cristiana, piccola o grande che sia, è oggi incomprensibile senza la presenza dei laici e senza una giusta, feconda, equilibrata, amorosa collaborazione tra gerarchie e laicato.

È la maturità!

È la risposta cosciente all'immenso valore contenuto nella profezia della parola di Dio "Siete un popolo di sacerdoti" (1Pt 2,10).

Si, un popolo di sacerdoti, non un popolo dominato dal sacerdote.

Il compito del sacerdote, che è quello di vivere la vita di Gesù nel suo dono assoluto al Padre e di offrire al Padre tutte le realtà terrene, diventa impegno di tutti i battezzati nella unità dello Spirito santo.

Che cosa non sarà possibile vedere nella chiesa quando questa realtà diverrà piena, matura, autentica?

Certo non ci sarà più la crisi delle vocazioni perché tutte le vocazioni saranno sacerdotali!

Certo non ci sarà più una chiesa che si esprime solo come "rito", "culto", ma una chiesa che è presente e si fa sentire come lievito nella pasta, come sale sulla terra.

Mi scuseranno i miei lettori se ancora una volta ho voluto spezzare una lancia sul mio tema preferito della presenza dei laici nella chiesa.

Si è che ancora una volta e ormai vicino alla mia morte, ho avuto la gioia di esperimentare la bellezza dell'amore fraterno, dell'autentico apostolato giunto a me attraverso la visione di famiglia piccola chiesa.

Mi sono ammalato e... per benino, proprio per sentire tutta la debolezza dell'uomo sopraffatto dal dolore e dalle giornate piene di amarezza e di povertà.

Ed in queste condizioni venni raccolto da una famiglia cristiana che mi ha portato nella sua casa in montagna per cercare, con tutto l'affetto, se era ancora il caso... di guarire.

Ho vissuto due mesi circondato da una ospitalità prestigiosa con cristiani, non solo decisi a farmi tornare in forze, ma solleciti a pregare assieme e a vivere assieme in un clima di amore e di gioia spirituale.

Qui, pensando a me e a ciò che mi è capitato, mi viene in mente di augurare a tutti coloro che si sentono soli o poco aiutati nelle loro esigenze, di rompere la loro solitudine cercando di vivere nell'amicizia e nella condivisione il progetto "chiesa" che significa comunità, carità, preghiera.

"Guai al solo" dice la Scrittura, e com'è vero!

E com'è vero che dobbiamo impegnarci con tutte le forze quando è ancora tempo di tenere la porta di casa aperta alla diffusione del Vangelo, alla preghiera in comune e alle meraviglie di essere chiesa.

Ne verrà che non resteremo soli e gli amici saranno come i figli generati in gioventù "frecce acute nella faretra" che ci aiuteranno, come dice il Salmo 127 "quando verrà il nemico a trattare alla porta".

In questo scritto di Carlo, comunque del 1988, troviamo impressionanti analogie con lo sviluppo avuto nella Chiesa degli ultimi tempi, cioè dall'avvento di Papa Francesco. Mi sono chiesto quanto abbia influito il suo spirito, profondo conoscitore di Dio fin dalla vita terrena, nel determinarne l'elezione al Soglio Pontificio.

La povertà predicata da San Francesco, di cui fu biografo, l'esortazione fatta nel corso della sua esistenza terrena a metterla in pratica, trova oggi grande riscontro nelle parole del Papa. Troppo spesso, ancora oggi, troviamo nella chiesa consacrati che tendono a dominare, a detenere un potere su quello che torna ad essere il gregge di pecore e non il popolo di sacerdoti. In una omelia a Santa Marta Papa Francesco ha detto:

"Quando un prete, quando un vescovo va dietro ai soldi, finisce male: se andiamo sulla strada delle ricchezze, diventiamo non pastori ma lupi".

Lupi pronti a sbranare il gregge. Secondo il Papa i sacerdoti devono essere *"poveri, umili, miti e al servizio del popolo. Alla fine un vescovo non è vescovo per sé stesso, è per il popolo; e un prete non è prete per se stesso, è per il popolo: al servizio di, per far crescere, per pascolare il popolo, il gregge proprio, no? Per difenderlo dai lupi. È bello pensare questo! Quando è in questa strada, il vescovo ha un bel rapporto col popolo. E quando il prete fa quello, ha un bel rapporto col popolo, ci dà amore: viene un amore fra di loro, un vero amore, e la Chiesa diventa unita".*

Fratel Tommaso, nella sua testimonianza, ringrazia Carlo con queste parole:

"Grazie Carlo, tu l'uomo che cammina con il bastone, un bastone che ti proteggeva, che ti sosteneva, con cui, alzandolo, benedicevi chi arrivava e chi partiva e a volte rimproveravi le 'galline' che invadevano l'orto del Giacobbe; grazie per aver indicato un cammino di Dio (in Dio), dell'Uomo (nell'uomo), della Chiesa (nella Chiesa)...

E, testimone dei fatti, descrive gli ultimi momenti della sua vita.

4 ottobre 1988, S. Francesco:

L'infermiere Francesco - quanta dedizione amorosa per Carlo! - ti aveva chiesto: Berresti un po' di spumante?

E tu, con un lontano sorriso, avevi fatto cenno di si, più con gli occhi che con la testa. Hai avuto il goccio di spumante (S. Francesco aveva avuto il dolce).

Dopo aver tentato di bere il goccio, la difficoltà a respirare aumentò - probabilmente si staccò del catarro- e alle 21,32, la sera di S. Francesco, sei entrato più dentro il Cielo: e terra ancora e Cielo, e qui e oltre, nella convivialità.

Cantammo il magnificat.

Continuiamo a cantarlo insieme: Liliana la sorella, i P.F.V., i P.F di Sassovivo, gli amici di Spello, gli amici dell'A.C. e di tante parti d'Italia e del mondo, con Carlo vivo, in cammino sulle due sponde del gran Fiume della Vita."

Nel 2011 Sorella Giovanna Negrotto con fratel Tommaso Bogliacino, e con un gruppo di aderenti alla spiritualità pellegrina, redigono le "Linee di vita" e lo "Statuto" della Fraternità Pellegrina Contemplativa che nello stesso anno vengono approvate dal Vescovo di Assisi Domenico Sorrentino, il quale ne coglie e comprende con molta profondità e affetto il carisma e lo spirito, come "Spinta" venuta da Dio.

Proprio Monsignor Sorrentino, mio concittadino e catechista in parrocchia nel 1971, quando era prossimo all'ordinazione sacerdotale, avvenuta il 24 giugno 1972, poi mio professore di Teologia Fondamentale presso l'Istituto Superiore di Scienze Religiose a Nola, come a voler dare un segno ulteriore di coinvolgimento in una storia dalle linee sempre più nitide, come ennesimo tassello di un puzzle che va ultimandosi.

L'immagine di Carlo seduto sul muretto che attende chi arriva, conosciuto in cuor suo anche se mai visto prima d'allora, comunque fratello o sorella a prescindere, è stata ed è sempre viva in me, continuando in quel viaggio cominciato in un lontano mese di febbraio, durato per la misura del tempo solo cinque ore ma che invece non ha avuto ancora fine e non l'avrà.

Ogni uomo attende qualcosa. Spesso non sa neanche cosa.

Tutte le attese, alla fine, si riducono ad una sola.

Un incontro.

Ed anch'io, un giorno, da chissà quale posto, attenderò un vecchio zoppo dai capelli bianchi che, appoggiandosi al suo bastone, tenderà l'altra mano e, prendendo la mia, mi accompagnerà là dove il deserto prende un'altra forma, ed in un silenzio di miliardi di anime potrò finalmente conoscere ciò che insieme a tutta l'umanità ho inseguito per una vita.

Carlo Carretto

Indice

Bibliografia di Carlo Carretto

Al tempo della sua militanza nell'Azione Cattolica, di cui è stato anche Presidente:

- *Incontro al domani, esaurito;*
- *L'invisibile amore, esaurito;*
- *La grande chiamata, esaurito.*

In ordine cronologico:

- *Famiglia piccola chiesa, A.V.E., Roma 1950; nuova edizione 1964;*
- *Lettere dal deserto, La Scuola, Brescia 1964;*
- *Al di là delle cose, Cittadella Assisi 1970;*
- *Ciò che conta è amare, A.V.E, Roma 1966;*
- *Il Dio che viene, Città Nuova, Roma 1972;*
- *Padre mio mi abbandono a te, Città Nuova, Roma 1975;*
- *Il deserto della città, Edizioni Paoline, 1978;*
- *L'utopia che ha il potere di salvarti, Queriniana, Brescia 1979;*
- *Beata te che hai creduto, Edizioni Paoline, 1980;*
- *Io, Francesco, Cittadella-Messaggero, Assisi-Padova 1980;*
- *Ho cercato e ho trovato, Cittadella, Assisi-Queriniana, Brescia 1983;*
- *Perché Signore? Morcelliana-Dehoniane, Brescia-Bologna 1985;*
- *Un camino senza fine, Cittadella Assisi 1986;*
- *E Dio vide che era cosa buona, A.V.E., Roma 1988.*

Dopo la sua morte sono stati pubblicati altri suoi scritti:

- *Lettere a Dolcidia* 1954-1983, Cittadella, assisi 1989;
- *El-Abiodh, diario spirituale 195-1955*, Cittadella, Assisi 1990;
- *Innamorato di Dio (autobiografia)*, Cittadella, Assisi 1991;
- *Ogni giorno un pensiero*, Città Nuova, Roma 1993.

ASSISI
SPELLO
CONFINE COMUNALE

Fotografie: Antonio Solimeno.

Boscoreale, 1 gennaio 2018.

Printed by Books on Demand GmbH, Norderstedt / Germany